英語の感覚・日本語の感覚
〈ことばの意味〉のしくみ

池上嘉彦
Ikegami Yoshihiko

Ⓒ 2006　Ikegami Yoshihiko

Printed in Japan

［本文イラスト］　いば　さえみ

［協力］　大河原　晶子

本書の無断複写（コピー、スキャン、デジタル化など）は、
著作権法上の例外を除き、著作権侵害となります。

はじめに

　本書の趣旨は，英語の基本的な学習をすましている人たち——特に，その際，伝統的な学校文法に不満を感じたという経験のある人たち——に，日常的ないろいろな場面での英語という言語の具体的な使われ方の背後にある仕組みとでもいったものを，日本語と対比しながら分かりやすく解説してみるということである。もちろん，ことばの仕組みといっても，ことばがそれによってひとりでに働き出すというような仕組みがあるわけではない。仕組みを働かせるのは，〈ことば〉を使う話し手，〈ひと〉の方である。

　〈ひと〉があることについて自らの想いを語ろうとする時，〈ことば〉の話し手としての〈ひと〉には数多くの選択肢がある。まず，そのことに含まれる何を〈ことば〉として表し，何を〈ことば〉としないですませるかという点での選択，そしてその上で，表そうとすることをどういう視点で捉えるか，何を際立たせ，何を際立たせないように表現するかといった点での選択の可能性などがあるわけで，話し手はそれぞれの場面で，自分の想うところ（日本の伝統的なことば遣いで，〈こころ〉とも呼ばれたもの）をもっとも適切に伝えてくれるような言い回しを採るわけである。しかし，ほとんどすべての場合，話し手の〈こころ〉のすべてを余すところなく伝えてくれるような〈ことば〉は得られるものではない。〈ひと〉が伝えたいと〈意図する〉(mean) ところ（つまり，〈こころ〉）と，〈ことば〉が伝えてくれる〈意味〉(meaning) との間には多かれ少なかれ，落差やずれが生じる。〈ことば〉は常に〈こころ〉には及ばないわけである。そういうところから，私たちの使う〈ことば〉には社会的な慣習としてその〈ことば〉に

担わされている以上の〈意味〉が託されているのがふつうであり，聞き手としての〈ひと〉が慣習の域を越える〈意味〉をどの程度主体的に読みとろうとするのか，あるいは，話し手のほうがその点についての聞き手の振舞い方をどの程度予測し，どの程度それを先取りする形で，〈ことば〉を選ぶか——こうした〈意味〉のやりとりをめぐっての〈感性〉とでも呼ばれるような〈ひと〉の心の働きが〈ことば〉の使用には多くかかわっているのである。

　〈ことば〉だけを視野に入れて〈ひと〉を棚上げにしておく，あるいは，〈ひと〉を考慮しても〈理想的な話し手〉だけから成る言語社会といった前提を立てて巧みに〈ひと〉をひとまずは消去してしまう——こうした伝統的な言語学の姿勢に対して，〈認知言語学〉(cognitive linguistics) と呼ばれる新しい言語研究の流れの中では，初めて主体的に思考し，行動する話し手としての〈ひと〉をまともに取り込んだ形で〈ことば〉を考える基礎ができあがったように思える。本書は専門的な概念や術語は避けてあるものの，基本的には〈認知言語学〉的な視点からの記述であり，従来の言語学では排除されていたようなことばについての話題も取りあげている。

　執筆の期間を通して，たまたま，イギリスのロングマン社の辞書編集部のスタッフと日英共同のプロジェクトとして〈英和辞典〉を編集するという，これまでになかった企画に参与するという経験を持った。共同作業の過程を通してロングマン社のスタッフが常にもっとも強調していたのは，'natural English' を提供する辞書でなくてはならないという点であった。ここでいう 'natural English' という概念については，本書の第6章（「言語の普遍性と相対性」）で触れてあるから，御覧いただきたい。この段階で強調しておきたいのは，ことばによる表現には，文法的に正しく，語法的にも妥当で，その上〈使用域〉（さしあたっては，文体

と考えておいていただいてよい）に関してまったく問題がなくても，その上でなお，母語話者が見ると決して 'natural' とは言えないものもあるということである。具体的な例を見ればわかるとおり，この種の問題は〈発想〉の違いに基づいているとしか言いようがないのがふつうである。文法や語法上まったく問題がないのに〈英語らしい〉表現と〈英語らしくない〉表現とが分かれる——そういう，文法や語法の学習だけでは及ばないところに位置していて，究極的には，〈意味の感覚〉とでもいったものしか頼りにできない問題，そしてそれゆえに，伝統的な言語学では，自らの守備範囲外として，取りあげられることもなかった事項，を考えてみたいのである。最近の言語学習で時折耳にすることばで言えば，〈感性〉とはまさにこのあたりにかかわる能力のことを言っているのかもしれない。

　もともと話し手による習慣的な捉え方に違いがある——つまりそれぞれの言語の話し手にとっての〈好みの言い回し〉である——ということからして，この種の表現については，たとえば，英語話者好みの言い回しが日本語の話者には不自然に感じられたり，逆に，日本語話者好みの言い回しが英語の話者には不自然に感じられたりするということはよくある（第6章参照）。ただし，このような場合，重要なのは，一見〈不自然〉と思える相手の言語の言い回しの背後にどのような〈発想〉なり〈感性〉なりが働いているのかを考えてみることである。違う言語の話し手といっても，基本的には同じ〈ひと〉としての〈身体性〉によって特徴づけられた，いわば仲間どうしである。媒介している〈感性〉の働きが違っているにしても，その働き方は少なくとも同じように〈ひと〉として理解可能なものの範囲内に位置しているはずである。そのように受けとめることによって無用な偏見にまでエスカレートすることが避けられるであろうし，むしろ，私たちに人

間の心の働き方の可能性を教えてくれ，この世界をまた違った窓から眺めてみるという新鮮な体験をするきっかけにもなってくれるのではないであろうか。

*

　本書は次のような構成になっている。

　第1章では，普段何気なくつかっていることばにあらためて注目して，英語と日本語の両面からことばの〈意味〉の成り立つ基本的な仕組みを探る。

　第2章では，私たちが頭の中に蓄えている多くの語について，それぞれの間の意味関係に注目し，潜在的な構造性を持つものとして語彙を捉える。

　第3章では，文法と意味の関係に注目し，話し手が選択する構文の違いは話し手の事態把握の仕方の違いを反映しており，したがって伝える意味も違っているという認識の重要さを強調する。

　第4章では，言語表現が具体的な場面で具体的な話し手，聞き手を想定して使われる場合，表現の文字どおりの意味以上にどのような意味が読みとられ，継続したコミュニケーションが可能になるかを考える。

　第5章では，語句の意味変化の仕組みと類型，そしてその背後にあることばの認知的な過程がどのようなものかを考える。

　第6章では，文法や語法を越えた域で，それぞれの言語の話し手が母語話者として有していると思われる言語感覚の違いを主に英語と日本語の場合を対比して考察する。

　第7章は，言語の話し手が日常の言語使用の域を越えて新しい表現の可能性に挑む試みをフェミニズム，子どものことば，作家の創作といった観点から取りあげる。

目 次

はじめに 3

第1章 ことばと意味　13

1. ことば——言語 (language) と語 (word)　13
   「ことば」の多義性　　語——言語の意味の基本的な単位

2. 二重分節の仕組み　16
   有限個の音が無限個の語を作る

3. 語義をめぐる原則と逸脱　19
   語形と語義——語の2つの側面　　語義と語の用法　　比喩の力

4. 語義と指示物のズレ——婉曲表現から戯語まで　23
   虚のイメージと実のイメージ　　〈死ぬこと〉の婉曲話法
   皮肉と irony　　皮肉を使った巧みな演説
   辞書に登録された〈皮肉〉な意味　　戯語的な言い回し

5. 差別表現と PC　34
   英語は〈男性中心的〉？　　文法領域での PC
   PC 表現はゴマカシか

第2章 語彙の中の意味関係　41

1. 文の構造と語彙の構造　41
   語と語の間の意味関係

2. 同義語か類義語か　42
   同義語の定義　　一見〈同義〉，実は〈類義〉の例
   発信型の辞書と受信型の辞書

3. 反意語——意味が〈反対〉とは……　47
   反意語は実は意味が近い　　反意語の3つのタイプ

4. 包摂性——意味の上下関係　51

　　置き換えは一方向　　　上位語・下位語のさまざまな対応関係

5. 同音語——語形の類似　54

　　曖昧さとその解消

6. 多義語——1つの語形に2つ以上の語義　56

　　同音語と多義語のまぎらわしさ

　　一見似ていない語義をもつ多義語

7. 選択制限——語と語の結びつき　60

第3章　文法と意味　63

1. 文法と語法　63

2. 動態的か状態的か——動詞の意味が構文を決める　65

3. 構文と意味の関係　67

　　書き換えの落とし穴　　　表現の形式が違えば意味も違う

4. 経験の直接性——構文の違いを生む要素(1)　71

　　3つの構文と意味の違い　　　強い主張と弱い主張

　　遂行動詞と感覚動詞　　　「表現の形式」と「表現内容」の平行性

5. 「行為の過程」と「行為の目標達成」
　　　——構文の違いを生む要素(2)　77

　　間接目的語のニュアンス　　　行為の相手がどう反応するか

　　特別扱いされる〈人間〉

6. 影響は部分的か全体的か——構文の違いを生む要素(3)　83

　　対象への働きかけと働きかけられた対象の変化

　　give構文とprovide構文

7. 話題は既出か新出か——構文の違いを生む要素(4)　87

　　接続詞thatの意味合い　　　接続詞thatと定冠詞theの働き

第4章　意味とコンテクスト　91

1. 文法・語法が正しくとも不自然な表現　91

2. 何がテクスト/談話を成立させるのか　93
   文からテクスト/談話へ
   テクスト/談話には具体的な場面が必要

3. なぞなぞから民話まで
   ——特定ジャンルのテクスト構造　97
   なぞなぞの構造　　わらべうた，子守唄の構造　　民話の構造

4. 〈テクストを読む〉とはどういう営みか　102
   文と文との結束　　話の筋が通る/通らないということ

5. テクスト成立の基準　105
   基準と規則　　7つの基準

6. 協同の原則——会話の当事者が守るべきこと　109
   会話成立のために話し手はどう振舞うか
   会話の本質は情報交換だけではない

7. 丁寧さの原則——対人関係の調節　113

8. 「関連性」——会話成立の大原則　116

第5章　意味の変化のダイナミズム　119

1. 「ことばの場」という考え方　119
   「うつくしい」をめぐる日英両語の変遷　　構造的な意味変化
   〈意味の場〉で変化を見る

2. 意味変化の伝統的な分類　124
   一般化と特殊化　　社会的グループとことばの関係
   〈向上〉と〈堕落〉

3. 連想の型に基づく意味変化の分類　130

類似性と近接性　　連想実験が示す意味変化の4類型
　　子どもの連想・大人の連想

4. メタファー——語義の類似性に基づく変化　135
　　人体からの隠喩　　異なる感覚の間の平行性
　　共感覚的表現の普遍性　　いくつかの例外

5. メトニミー——語義の近接性に基づく変化　141
　　どのような意味で近接しているのか　　空間的な近接性
　　時間的近接性から因果関係へ

6. 民間語源——語形の類似性に基づく変化　145

7. 省略あるいは伝染——語形の近接性に基づく変化　147

8. 意味変化における話し手の役割　149
　　話し手の認知的ストラテジーとしてのメタファー
　　日常的な経験と結びついたメトニミー

9. 文法化——語彙的な意味から文法的な機能へ　152

第6章　言語の普遍性と相対性　155

1. 自然な表現・不自然な表現　155
　　同じ出来事の違った表現の仕方
　　言語によって異なる「好まれる言い回し」
　　idiomatic な表現と stilted な表現　　言語間の相対性

2. 言語間の表現の好みの差　161
　　英語話者好みの表現と日本語話者好みの表現
　　日本語は〈BE 言語〉, 英語は〈HAVE 言語〉
　　〈BE 言語〉から〈HAVE 言語〉へ
　　身体表現の対照性　　2種類の知覚表現
　　「事態そのもの」と「事態の当事者へのかかわり」
　　授受動詞, 移動動詞の補助動詞的用法

行為の主体性を薄める「なる」　　事態とその起因への言及
　　　〈人間主語〉か〈無生物主語〉か　　擬人法の自然さ・不自然さ
　　　自己の他者化　　Momは3人称で「お母さん」は1人称

3. **主客対立と主客合体**　187
　　　言い回しの相対性　　言い回しの背後の発想
　　　自己分裂と自己投入　　ゼロ化される主体
　　　臨場的に体験を語る　　『雪国』冒頭の英訳
　　　動詞句か前置詞句か

4. **相同性——表象の諸分野を横断する傾向**　197
　　　言語による表象・言語以外の媒体による表象
　　　絵画の場合　　庭園の場合

5. **言語の進化**　201
　　　身体性との密着から身体性との乖離へ
　　　ダイアローグの言語としての補正
　　　コミュニケーションのための言語へ

第7章　ことばの限界を越えて　205

1. ことばの牢獄　205

2. 〈他者〉としての言語——女性と子どもの視点　206
　　　フェミニストによる問題提起　　子どもたちからの問いかけ
　　　ことばが世界を作るという認識

3. 〈詩のことば〉と〈日常のことば〉　211
　　　詩のことばについての2つの見方　　詩語法のマンネリ化
　　　ことばという〈素材〉　　ことばの喚情的用法
　　　ことばの詩的機能　　〈ことばそのもの〉への注目
　　　喚情的用法か詩的機能か
　　　〈表現〉か〈内容〉か——漱石とリチャーズの違い

何が〈文芸〉を成立させるのか

4. 俳句と英語——翻訳の可能性と限界　228
言語の性格と好まれる文学的ジャンル
俳句の逐語的な訳とパラフレイズ的な訳　　読者の積極的介入
〈話し手責任〉と〈聞き手責任〉
ずれるイメージ，削られる意味　　〈線の論理〉と〈点の論理〉
韻律と脚韻の扱い方

参考文献　245

おわりに　248

第1章 ことばと意味

1. ことば——言語 (language) と語 (word)

「ことば」の多義性

　日本語の「ことば」という語の意味は，英語の場合と較べると，かなり広い。たとえば，「あなたはいくつのことばが話せますか」というような場合であれば，英語では language ("How many languages do you speak?") を使うところであろうし，「あなたは英語でいくつのことばが言えますか」というような場合であれば，英語では word ("How many English words do you know?") を使うところである。日本語でも漢語を使えば，language には「言語」，word には「語」を当てて，同じような区別をすることができる。しかし，英語のように区別がはっきりしている場合でも，同じような曖昧さがかかわってくることもある。たとえば，英語が母語の子どもが "I know four languages." と言う。言ってごらんというと，"Mother, Mutter, mère, madre." と異なる4つの言語で同じく〈母〉を意味する語を言ってみて，得意そうな顔をする。実際に本人が言ったのは4つの違った語 (words) なのであるが，だからといって4つの違った言語 (languages) を知っているという本人の主張が嘘であったとは言えない。現実の場面では，「言語」の意味と「語」の意味がうまく重なってくれることがあるわけであり，また，そのような場面のあることを考えると，

〈ことば〉が両者のどちらをも覆うような意味を有するのも，特に不思議なことではないのである。

　〈ことば〉が〈言語〉ということも〈語〉ということも意味する——このことは，もう一歩踏み込んで考えてみることができる。〈語〉というのは〈言語〉というものの1つの側面に過ぎない。しかし，両者が同じ〈ことば〉という語で指せるということは，私たちは何か〈語〉というものを〈言語〉というものの代表的な側面として捉えており，〈ことば〉というものを考えるときは何よりもまず，〈語〉のことを考えてみる傾向があるということではないのであろうか。(たとえば，「卵」といえば何よりもまず〈鶏卵〉のことを考え，「くるま」といえばまず〈自動車〉を考えるのとも似ている。後者は前者の一部の場合を占めるに過ぎないけれども，特別に目立つ存在として意識されているということであろう。そのため，「卵」といえば鶏の卵，「くるま」といえば自動車が，それぞれのいわば代表的な事例として捉えられているのである。)

語——言語の意味の基本的な単位

　考えてみれば，〈語〉が〈ことば〉の代表的な側面として意識されるということには，十分な理由があるように思える。たとえば，赤ちゃんが生まれて初めて使う〈ことば〉は通常〈一語文〉の形である。実際には，それに先立って赤ちゃんが自分の口をいろいろ動かしながら，出ている音声を聞いてひとりで楽しんでいるように思える時期があるが，これはまだ〈ことば〉とは言えない。発せられる音声にまだ意味が託されているとは思えないからである。たとえば「ンマンマ」と聞こえる音声が〈お母さん〉なり〈食べ物〉なりといった意味を担って，ある程度安定したやり方で使われていると判断できるようになって，初めて〈ことば〉と断定できるわけである。この段階での発話は，ふつう単発的な

〈語〉の使用という形をとる。同じ頃，赤ちゃんは自分の身の回りのいろいろなものを指差して，その名前を言ってもらい，どんどん語彙をふやしていく。これも〈語〉レベルのことばである。

　大人になっても，〈ことば〉として〈語〉をとくに意識する機会はいろいろある。日本語の場合は，句点や読点で区切る折は別として〈語〉と〈語〉の間を空けて分かち書きすることはしないが，欧米系の言語ではそうするのがふつうである。そのような言語では，当然〈語〉の意識は強くなる。いちいち分かち書きをしない日本語の場合でも，〈ことば〉の意味を確認しようとして辞書に当たってみると，そこで出会うのは〈語〉を見出しとする説明である。分かち書きになっていなくても，日本語の話者であれば，必要とあれば，分かち書きがされているかのように，〈語〉ごとに区切って読むことは一応できるはずであるし，また，「ココデハキモノヲヌイデクダサイ」という掲示の同一の文言が掲示者と読み手との間で2通りの違った読みとり方（「ココ・デ・ハキモノ・ヲ……」と「ココ・デ・ハ・キモノ・ヲ……」）がなされて混乱が生じたという話も，話し手がそれぞれ分かち読みの能力を有していて，それがたまたま違ったやり方で適用されたということである。

　〈ことば〉というもののもつさまざまな側面の中でも，〈語〉が特別に意識される——おそらくそれは，〈語〉が〈意味〉を担う基本的な単位として働いているという認識によるものであろう。私たちは日常生活の中で，自らの思いを〈ことば〉に託す（そして，〈ことば〉を介して他者に伝える）という営みを絶えず行っている。その際，私たちは母語に用意されているおびただしい数の〈語〉の中から適当なものを選び，それらを組み合わせて，自らの思いを〈ことば〉の意味として構築する。（これは一種の翻訳の試みである。つまり，自らの自由な思いを，社会的な慣習としてそれなりの制約力を有している〈ことば〉という記号体系による表記へと

移し替えることと考えることができるし,また,すべての翻訳の営みにおいて経験される満たされない気持――つまり,自らの思いのすべてが十分的確には移し替えられないという気持――に関しても例外でない。第7章で取りあげる〈ことばの限界〉を参照。)このように私たちの思いを〈ことば〉の意味に移し替えるという過程で,〈ことば〉の意味の側の基本的な単位として働くのが〈語〉である。

2．二重分節の仕組み

有限個の音が無限個の語を作る

〈ことば〉の意味の基本的な単位としての〈語〉は,文法に従って配列されることによって〈文〉という,いわばそれより大きい単位を構成する。同時に〈語〉はそれ自体究極的な単位ではなく,(話しことばとして考えてみた場合)いくつかの〈音〉という,いわばそれ自体よりも小さい単位から構成されている。このように〈文〉がまずいくつかの〈語〉に分けられ,次に〈語〉がさらにいくつかの〈音〉に分けられるという関係になっていることは,〈二重分節〉(double articulation) と呼ばれ,言語の重要な仕組

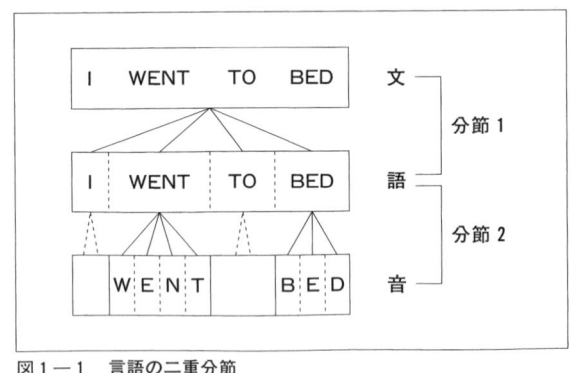

図1－1　言語の二重分節

みと考えられている。

　なぜ〈二重分節〉が重要な仕組みであるかは，もしそうでなかったらどのようなことになるかを考えてみるとよい。たとえば，〈動物の言語〉といった呼び名のもとに，鳥がいくつかの違った鳴き声を発して同じ群の仲間との間で，〈集まれ〉とか〈散れ〉といった趣旨と解釈できるある種の情報伝達がなされているらしいことが知られている。これらは一見，言語の場合でいうと〈一語文〉によるコミュニケーションに平行するような営みと解することができる。かりにそうだとして，鳥が使い分けているように思えるいくつかの違った鳴き声が文相当の語であるとしても，鳥の鳴き声の場合，それをさらに小さな，言語における音相当の単位に分節してみるということはできそうもない。鳥の場合，1個の鳴き声が全体で1つの塊のようになっているからである。そのような状況で，もし鳥が生存の必要上，もっともっと多くの違った内容の情報を別々の鳴き声に託すということを進めていくとしたら，どのようなことになるか。鳴き声の数がふえればふえるほど，違った鳴き声の間の差は次第に小さくなっていき，遂にはどの情報内容を担った鳴き声であるかの識別が鳥たち自身にとっても困難という域に達するであろう。そうなれば，せっかくの〈鳥の言語〉も使いものにならない代物になってしまう。

　〈鳥の言語〉なら，異なる語に相当する異なる鳴き声の数が数十個を越えるということすら想定外であろう。しかし，人間の言語の場合はそうはいかない。さまざまな新しい考え，新しいものを生み出す人間の営みはとどまるところを知らない。実際，それらを表示する語が無限に近づくほど多く必要になるということすら想定しておかなくてはならないという状況である。しかし，〈二重分節〉の仕組みのお蔭で，人間の言語はそのような状況になっても機能不全に陥らなくてすむのである。

人間の言語の場合，〈語〉は先ほどの鳥の鳴き声について見たような，それ以上分節できない究極的な単位ではない。いくつかの〈音〉が一定の順序で配列されるという形で構成されている。個々の〈音〉には，それ自体固有の意味があるわけではない。人間の聴覚能力からすれば，数十個を越えない程度の数の言語音であれば，十分に識別可能であろう。この数十個の言語音の中から数個の言語音を任意に選び，それらを音の性質上許容される範囲内でさまざまな順序で配列させてみれば，おびただしい数の，しかし，十分相互に識別可能な〈語形〉を創り出すことが可能である。(〈語形〉の長さに制約を設けないということにすれば，理論的には無限の数の〈語形〉が創り出せるわけである。) つまり，言語は有限個の，それ自体は意味とは無関係の〈音〉という単位を結合して無限個の〈語形〉を創り出し，それぞれに任意の〈語義〉を担わせるという仕組みを備えているのである。用いられる〈音〉は有限個であるから，相互に十分識別可能という要件が満たされる。同時にそれらの〈音〉を結合して事実上無限個の〈語形〉が創り出せるわけであるから，意味を担う単位が限りなく必要とされるという事情にも十分対応ができるということである。

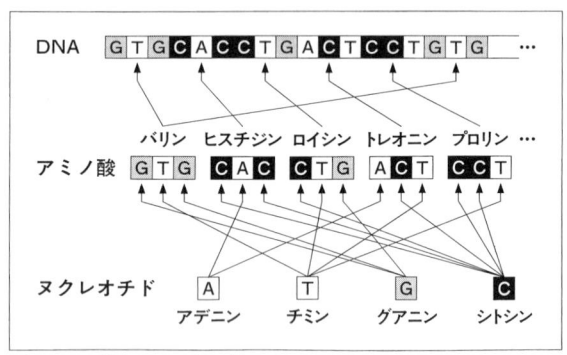

図1－2　遺伝子の二重分節

このように考えれば，言語が期待される機能を果たすために〈二重分節〉がいかに巧みな仕組みであるかがわかる。〈二重分節〉の仕組みは人間の言語以外にも，厳密な操作が期待される人工的な記号体系（たとえば，〈モールス信号〉）には多く見られるし，人間の遺伝情報の伝達システムも基本的には同じ仕組みに基づいていることが知られている。

3．語義をめぐる原則と逸脱

語形と語義——語の2つの側面

　前節で見たとおり，〈音〉そのものは直接意味と結びつく単位ではなく，それによって構成される〈語〉と呼ばれる単位になって，初めて〈意味〉が担われることになる。〈音〉によって構成されていて一見その言語での〈語〉のように思えても，それと結びつく〈意味〉が伴わなければ〈語〉とは言えない。たとえば，日本語の「コドモ」は意味と結びついているから〈語〉であるけれども，同じような〈音〉から構成されていても「モドコ」には意味が伴なわないから，〈語〉ではない。同じように，英語でnibは〈語〉であるけれども，形は似ていてもnidは意味と結びつかないから〈語〉ではない。つまり，〈語〉には2つの側面があるわけである。1つは，〈音〉によって構成され，〈意味〉を担わされている〈語形〉と呼ばれるもの，もう1つは，〈語形〉によって担われている〈意味〉で〈語義〉と呼ばれるものである。

　このような状況を私たちはふつう〈語〉には〈意味〉があるといったような言い方で理解している。この〈語〉によって担われている〈意味〉（正確に言えば〈語義〉）ということで，私たちはどのようなことを了解しているのであろうか。

語義と語の用法

　私たちは〈語〉に〈意味〉があるというような言い方をするのと同時に、〈語〉を使うというような言い方をする。「使う」という言い方がなされることからもうかがえるとおり、私たちはどうやら〈語〉というものを何か〈道具〉のようなものとして受けとめているらしい。〈道具〉にはその種類に従ってそれをどういうふうに用いるか——つまり、〈用途〉が決まっているが、それと同じように、〈語〉についてもそれぞれをどういうふうに用いるか——つまり、〈用法〉が決まっている——どうやら、私たちはそのような平行性があると感じているようである。

　ところで、語の〈用法〉は何によって決められているのであろうか。私たちは、馴染みのない語でどういうふうに使ってよいか——つまり、その〈用法〉が——わからない折には、よく辞書でその語の〈意味〉を調べてみるということをする。つまり、私たちは語の〈意味〉がわかればその語の〈用法〉もわかると考えているわけである。少し別の言い方をするならば、私たちは語を、その〈意味〉に合うようなものやことに適用するという形で使っているということである。語の適用されるものやことは、術語で〈指示物〉(referent：つまり、語が指す (refer to) ものやこと) と呼ばれる。この術語を使うと、まず次のように言うことができる。

　(i)　私たちは語を、その〈意味〉に合うような〈指示物〉に適用するという形で使う。

ことばの使い手にとっては、語の〈意味〉はその語の〈用法〉をいわば規制するものとして働いているわけである。ただし、規制するといっても、それは別に法律の定めのようなものとして規制するわけではない。辞書にはたしかに語の〈意味〉の定義とも思えるようなものが記載されているけれども、これはその語の〈用法〉についての慣行を〈記述〉したものであって、法律に見られ

るように強制力があって、違反に対しては明確な形で罰則が決められているといった性質のものではない。他の場合でいえば、たとえばその社会での慣行としての〈礼儀作法〉などと同じレベルのものと考えてよいであろう。〈礼儀作法〉に関しても、その社会での慣行を記した書き物などはあるであろうが、その記述に法律と同じ強制力があって明確な罰則の裏づけがあるわけではない。その点、語の〈意味〉も同じである。そこで、上の(i)に続けて次のように言うことができる。

(ii) ただし、(i)はあくまで〈原則〉であって、私たちがその〈原則〉に反するような形で語を使うことは常に可能である。

つまり、(i)は建前ということであって、語の〈意味〉に合わない〈指示物〉に語を適用することもありうるということである。しかし、上でも見たとおり、語の〈意味〉に合う形で語を使うというのは〈社会的慣行〉に合うように振舞うということであるから、逆に、意図的にせよ、あるいは非意図的にせよ、それに反するような振舞いをしたとすれば、法律に違反したときに受ける〈処罰〉とまではいかなくとも、何らかの〈制裁〉といったものを蒙るということになる。(たとえば、〈礼儀作法〉に反した振舞いをしたときに受けるかもしれない嘲笑とか低い人物評価といったことは、その種の〈制裁〉と考えることができる。)

比喩の力

ただ、興味深いことに、ことばの〈用法〉にかかわるすべての違反が〈制裁〉の対象にされるということではない。違反の仕方によっては、〈制裁〉どころか、むしろ高い評価を受けるというようなことも起こるのである。

(iii) (ii)で述べられているような違反は意識的にも、無意識的に

も起こりうるが，その場合に従って，〈誤用〉，〈嘘〉，〈比喩〉などと呼ばれる状況が生じる。

たとえば，生まれてからずっと南方に住んでいた子どもが北方の土地へ来て，そこで初めて空から舞い落ちてくる雪を見て「あっ，ちょうちょうだ」と叫んだとする。「ちょうちょう」という語は本来ならばある種の昆虫に適用されるはずの語であるが，それがここでは〈雪〉という本来とは違う〈指示物〉に適用されているわけである。語の〈用法〉にかかわるこの違反の状況は，見る人によってさまざまに受けとられうる。ある人は，子どもが自分自身では気づかずに語の適用を間違ってしまった〈誤用〉だと言うかもしれない。また別な人は，子どもが意図的に人をだまそうとして〈嘘〉をついているに違いないと思うかもしれない。しかし，さらにまた別の人は，子どもは巧まずして見事な〈比喩〉を創り出したとして感心するかもしれない。表面的には一見同じ子どもの言語行為が，見る人によって〈誤用〉や〈嘘〉として非難の対象になったり，〈比喩〉として賞賛の対象になったりするというわけである。

　〈誤用〉や〈嘘〉の場合であれば，気のついた人から「あれは『ちょうちょう』ではないよ。『雪』だよ。」と言って〈訂正〉されるという形で〈制裁〉を受けることになる。しかし，〈比喩〉と受けとられた場合はそのような形で〈訂正〉を蒙るということはないし，気づいた人ももちろん訂正しようなどとは考えない。〈比喩〉はそれがすぐれたものである限りは，訂正を拒否するわけである。

　どうして〈比喩〉にはそのような強い力があるのであろうか。〈誤用〉や〈嘘〉はそれとわかれば，すぐ否定される。〈比喩〉のことばは，最初，謎かけのことばのように私たちに解いてみよと挑みかかってくるように思える。そして，もしそれが解ければ，

私たちはそこで日常見慣れて何の感興も覚えなくなってしまった事象が，突如として目の前で違った新しい様相で立ち現れてくるという経験をする。何か新しい世界を垣間見たとでもいう印象である。そしてそのような印象が納得できるようなものである限り，私たちは〈比喩〉のことばの力に説得されてしまい，それを否定するというような思いを抱く余地などなくなってしまうということである。

　雪を見慣れた人にとっては，雪は「ユキ」であってそれ以上のものである必要はなかろう。しかし，雪に対して「チョウチョウ」ということばが適用されると，同じ雪が日常見慣れた存在としての姿とは違った新しいイメージで立ち現れてくる。そういう経験は私たちに軽い驚きとともにある種の感興を与えてくれる。〈比喩〉を通して，いわば，世界に新しい価値が生み出される——〈比喩〉にはそういう創造的な力があるわけである。その創造の営みに意外性が多くあれば多くあるほど，そしてそれが私たちにとって説得力のあるものである限り，〈比喩〉は創造的な芸術の営みの域にまで自らを高めるわけである。舞う〈ちょうちょう〉を〈二つ折の恋文〉にたとえた詩人の比喩など，どうであろうか。

4．語義と指示物のズレ——婉曲表現から戯語まで

虚のイメージと実のイメージ

　前節では語がその〈意味〉にふさわしくない〈指示物〉に適用されるとき，どういうことが起こるかということで，〈誤用〉，〈嘘〉，〈比喩〉という3つの場合を考えてみた。いずれの場合にも共通しているのはまず，語が用いられると，その語に社会的な了解として結びつけられている〈語義〉をとおして，それが通常

適用されうる〈指示物〉のイメージが喚起される。この際，適用されるはずの〈指示物〉が語の使用される場面で現実に存在しているかどうかは関係ない。もし存在していて，語の喚起するイメージが現実の〈指示物〉と合致するなら，適切な語の使用が成立する。しかし，語はその〈語義〉によって，合致する〈指示物〉が存在していなくても，イメージを喚起する。その意味で，語が喚起するイメージは，いうならば〈虚のイメージ〉である。この〈虚のイメージ〉は，すぐ前でも見たとおり，それと合致する〈指示物〉に適用されるのが通常であるが，その気になれば（あるいは，その気にならなくともうっかり間違って）実は合致しない〈指示物〉にも適用される。そうすると，そこでは，〈指示物〉に基づく〈実のイメージ〉の上に語によって喚起される〈虚のイメージ〉が被せられるということが起こる。その後は，2つの〈イメージ〉の間でそれこそ〈虚虚実実〉の競い合いが生じることになる。結果はすでに見たとおり，〈誤用〉や〈嘘〉の場合のように，〈虚のイメージ〉が否定されて退けられたり，〈比喩〉のように，〈虚のイメージ〉が〈実のイメージ〉に被せられることによって，後者が隠されてしまったり，あるいは，前者に近づける形で修正されたりするということになる。

　前節でも見たとおり，この3つの可能な場合の区別は微妙で，単純にこのうちのどれとも割り切ることが難しかったり，2つ以上が重なったりする。そして，その上にさらに特別な事情が加わると，上の3つ以外にも特別な名称で呼ばれることば遣いが生じることになる。以下，そうしたもののいくつかを取りあげてみたい。

〈死ぬこと〉の婉曲話法

　まず，〈婉曲話法〉（euphemism）と呼ばれることば遣いがあ

る。英語の 'euphemism' は英語が母語ではない学習者のための英英辞典，*Longman Dictionary of Contemporary English* (*LDOCE*, 4th ed., 2003) では，次のように説明されている。

> **euphemism** = 'a polite word or expression that you use instead of a more direct one to avoid shocking or upsetting someone' (*LDOCE*)

つまり，あることをそのものずばりの (direct) ことばを使って言うと相手がびっくりしたり，当惑したりするかもしれない，そういう場合に，それを避ける目的で使う相手に配慮した言い回し，とでも言えばよいであろう。避けられるのは，相手に動揺や当惑をもたらすようなことば，何か相手にとってはありがたくない〈悪い〉ことを意味することばである。そのようなことばによって喚起される〈悪い〉イメージの上に，別の語によって喚起される，それよりは〈よい〉イメージを被せて隠してしまおうというわけである。

　十分に予想できることであるが，〈死ぬ〉という出来事は婉曲的な表現が集中する意味領域である。「亡クナル」，「逝ク」，「眠ル」，「没スル」，「オ隠レニナル」，「世ヲ去ル」，「瞑スル」，それにかつて特定の地位にある人について用いられた「卒スル」，「薨ズル」，「崩ズル」など，いろいろあるが，もっとも一般的に使われるものといえば「亡クナル」であろう。漢字のことはさて置いていうならば，「ナクナル」とは〈消滅する〉ということである。「死ヌ」といえばもっぱら人間（そして動物）あたりが適用範囲であるが，「ナクナル」は別に人間だけに適用される語ではない。それにその語義も世の中からその存在が完全になくなるということばかりでなく，一時的にその存在が確認できなくなったということでも十分である。「死ヌ」という語と較べると，「ナクナル」という語の適用範囲は遙かに広く，同時にその語義によって喚起

されるイメージもずっと焦点のぼやけたものになる。〈死〉のイメージの上にそれが被せられることによって、〈死〉のイメージの与える恐怖感がある程度緩和されるというわけである（図1－3）。

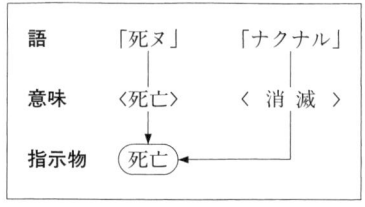

図1－3

　文字どおりには〈消滅〉のもう一段階前の出来事に言及することによって、〈死〉そのものへの指示をもっと間接的にしている表現もある。身分の高い人物の死の場合に「オ隠レニナル」と言うことがある。〈身を隠す〉ということは〈姿を消す〉こと、この世から〈姿を消す〉ことはこの世からいなくなること——つまり、〈死亡〉ということ——こういう意味の連鎖が感じとれよう。「没スル」（〈死亡〉の場合は、かつては「歿スル」と書かれた）は、たとえば日が水平線の下や山の向こうに入ってしまって（つまり、「日没」）〈姿を消す〉ことであるし、「逝ク」とか「去ル」というのも人が〈姿を消す〉ことに連なる。「崩ズル」はかつてはもっぱら天皇の死について用いられた表現（名詞は「崩御(ほうぎょ)」）であるが、山が崩れて姿を消してしまうというイメージであろうか。「瞑スル」は〈眼を閉じる〉が本来の意味、そして〈眼を閉じる〉ことは〈眠る〉ことを連想させる。そして眠る人と死者との表面的な見た類似性を踏まえて「最後／永遠／眠リニツク」といった婉曲に〈死〉という出来事に言及する。

　英語でも、〈死ヌ〉ことをまともに指すふつうの語は die であるが、いくつかの婉曲的な言い回しが使われる。pass away は日常的にもよく使われるもっともふつうの表現であるが、文字どおりには〈通り過ぎ去る〉の意味である。depart this life は日本語の「コノ世ヲ去ル」に意味的に対応する言い回しであるが、形式

ばった表現である。go west を〈死ぬ〉の意味で使うのは今では古めかしい表現とのことであるが，本来は〈日が西に沈む〉ということで使われる句であるから，日本語の「没スル」のイメージに近いところがあるのかもしれない。しかし，これには他の説もあって，イギリスからアメリカ大陸へ，あるいはアメリカ大陸の中で西部へ行くという意味でのある時期の用法が〈(命を落とすかもしれない) 危険な地域に赴く〉という連想を介して〈死ぬ〉の意味になったのではないかとも言われているらしい。

　もう1つ，これも現在ではいくらか古めかしく感じられる表現とのことであるが，もっとよく使われるものとして kick the bucket という句がある。〈バケツを蹴る〉ことがどのようにして〈死ぬ〉ということと結びつくかは想像もつかないであろうが，実は bucket は〈バケツ〉とは別の同音語で〈棒〉を意味する。かつて狩りでしとめた動物の足を棒にくくりつけぶら下げ，その棒をかついで帰った。そのときの，動物がさかさまになって一見〈棒を蹴っている〉かのような姿に由来しているのではないかというのがいちばん有力な説のようである。その他，名詞にも動詞にも使われて固い法律用語といった感じの decease と demise という語がある。もとの意味は，それぞれ〈出発する〉こと，〈遺産を譲渡する〉こと，そこから，そのきっかけとなったある〈人物の死亡〉を意味するようになったとのことである。

皮肉と irony

　〈皮肉〉と呼ばれていることば遣いも，用いられている語の〈語義〉とそれが適用されている〈指示物〉との間に落差があることによって生じる。〈皮肉〉ということでまず思いつく英語の単語は irony であるが，辞書には irony は次のように定義されている。

irony = 'when you use words that are the opposite of what you really mean, often in order to be amusing' (*LDOCE*)

つまり，意図しているのとは逆の意味のことばを用いるということであって，その動機づけがしばしば人を面白がらせる（jokeとしての効用をもっている）というのがironyである。日本語の辞書における「皮肉」の定義をこれと較べてみると興味深い。

皮肉 =「〔相手を非難，批評する気持で〕事実と反対の事を言ったりして，意地悪く，遠回しに相手の弱点などをつくこと」（『新明解国語辞典』）

両者に共通しているのは，〈意図ないし事実の反対を言う〉ということであるが，その動機づけについては，英語のほうは〈人をおもしろがらせる〉であるのに対し，日本語のほうは〈相手を批判する，相手の弱点をつく〉ということである。他の辞書の定義を見ても，英語のironyの説明にはjokeやhumourといったことばがよく出てくるが，日本語のほうによく出てくるのは意地悪である。実は英語にはsarcasmという語があるが，次の定義を見てみると，日本語の「皮肉」はこちらの語のほうに近いニュアンスがあることがわかる。

sarcasm = 'a way of speaking or writing that involves saying the opposite of what you really mean in order to make an unkind joke or to show that you are annoyed' (*LDOCE*)

ironyと較べると，意図しているのとは反対の意味のことばを使うという点では同じであるが，その動機づけは（冗談の形をとってはいるものの）相手にとっては明らかに〈嫌な〉（ちなみに，英語話者がunkindと類似の意味の語と感じるのは，nasty, cruel, thoughtless, insensitive, unsympatheticなどである）ことを伝えたり，自分の方が相手の態度や振舞いを〈嫌な〉もの（ちなみに，

英語話者がbe annoyedと類義表現と感じるのはbe slightly angry, be irritatedなどである）と感じていることを伝えたりするため，ということで，少なくとも前半のほうは日本語の「皮肉」の意地悪という意味合いに近い。同じ辞書でironyとsarcasmの例文として挙げられているものを下に引用しておく。

> "Of course, Michael won't be late; you know how punctual he always is," she said with heavy **irony**.
>
> "Good of you to arrive on time," George said, with heavy **sarcasm**.

それぞれ〔いつまで待っても現れない人物についてのコメント〕「もちろん，マイケルは遅れるはずないわ。彼がいつも時間に正確なのは，あなたも御存知のとおりよ」，〔遅刻して到着した人に対して〕「時間ぴったりに着いて下さって，ありがとう」ということになろう。なお，with heavy irony/sarcasmは〈皮肉たっぷりに〉という意味の表現で，皮肉の程度の高さを表すのに英語ではheavyを使うのに注意。a heavy smokerのような使い方も参照。

皮肉を使った巧みな演説

　文学作品の中の「皮肉」の例として有名なのは，シェイクスピア（William Shakespeare 1564-1616）の史劇『ジュリアス・シーザー』（*Julius Caesar*）で，アントニー（Antony）が行う演説の中で使われるものである。場面は古代ローマ。シーザーの専横ぶりが目に余るとして，その親友ブルータス（Brutus）は何人かの腹心の友とシーザーの暗殺を計画。3月15日，元老院に入ろうとしていたシーザーを襲って刺殺。何も知らなかったので驚いて集まってきた群衆に対して，ブルータスはなぜ自分が親友であるシーザーを殺さなくてはならなかったかを説明して，彼らを説得するのに成功する。遅れてそこへ，シーザーが頼りにしていた部下の

アントニーが駆けつけ，ブルータスの許しを得て演説を始める (cf. 1)。アントニーの巧みな話術によって群衆の雰囲気がまた一変。それが終わる頃には，シーザーを悼（いた）み，ブルータスを非難する声ばかりが響くという状況になってしまう。

> (1)
> *Ant.* Friends,Romans,countrymen,lend me your ears!
> I come to bury Caesar, not to praise him.
> The evil that men do lives after them,
> The good is oft interred with their bones;
> So let it be with Caesar. The noble Brutus
> Hath told you Caesar was ambitious;
> If it were so, it was a grievous fault,
> And grievously hath Caesar answer'd it.
> Here, under leave of Brutus and the rest
> (For Brutus is an honourable man,
> So are they all, all honourable men),
> Come I to speak in Caesar's funeral.
> He was my friend, faithful and just to me;
> But Brutus says he was ambitious,
> And Brutus is an honourable man.
> He hath brought many captives home to Rome,
> Whose ransoms did the general coffers fill;
> Did this in Caesar seem ambitious?
> When that the poor have cried, Caesar hath wept;
> Ambition should be made of sterner stuff:
> Yet Brutus says he was ambitious,
> And Brutus is an honourable man.
> ....
>
> (Shakespeare: *Julius Caesar*)

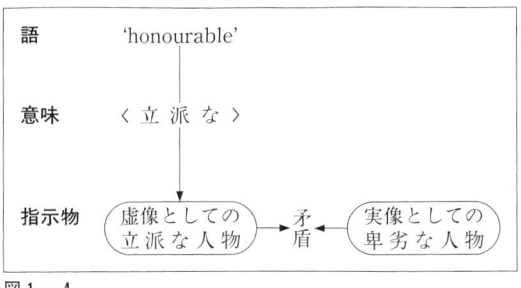

図1—4

この演説の中で，アントニーは "Brutus is an honourable man." という表現を何度か繰り返し，効果的に使っている。この文の文字どおりの意味は，〈ブルータスは立派なお方だ〉ということである。しかし，自分の主君シーザーを暗殺したブルータスがアントニーにとって〈立派なお方〉であるわけはない。アントニーが意図しているのは，それとは正反対の〈卑劣な〉（dishonourable）ということであるに違いない。シーザーを暗殺した（そして，ことによればアントニーも抹殺しかねない）ブルータスの顔を立てながら，聴衆には自分の真意を察してもらいたい——そういう計算から出てきた〈皮肉〉なことば遣いである（図1—4）。

辞書に登録された〈皮肉〉な意味

ところで，honourable という語を辞書で調べてみても〈卑劣な〉（dishonourable）というような語義はどこにも登録されていない。つまり，〈皮肉〉と受けとめられる語義は，基本的には，特定の場面との関連で生み出される新しい語義なのである。しかし，本来は〈賞賛〉を意味するある種の語はしばしば〈皮肉〉な意味で使用されるということによって，〈皮肉〉な意味がその語の1つの語義として定着し，遂には辞書にも登録されるということも起こる。英語の nice はそのような例で，'ironical' とか 'not nice'という見出しつきで，次のような説明と例文が見出される。

nice＝〔NOT NICE〕*BrE* 'used in a humorous or angry way when you really think that something or someone is not at all good or pleasant: *That's a nice way to treat a friend, I must say!*' (*LDOCE*)

例文は，友達ならあのような扱い方をされるはずないのに，と思っている人のことばである。日本語でも「結構な」や「お上品な」といった表現は〈皮肉〉の意味で使われる可能性がかなり高い表現と思われるが，とくに〈皮肉〉な意味を別項目として立てている辞書は見当たらないようである。

〈皮肉〉について検討している中では，そのようなことば遣いがしばしば〈冗談〉や〈ユーモア〉の意味合いを含めてなされること（そして，そのような傾向は日本語よりも英語の場合のほうが目立つようであるということ）を見た。〈皮肉〉が相手に対する批判を含んでいるなら，それはまともな表現の場合と同じように（もしかしたら，もっとそれ以上に）相手を傷つける可能性をはらんでいる。そのため，それが真意ではないということを伝えるための一種の〈緩和剤〉が必要で，〈冗談〉とか〈ユーモア〉という意味合いはそういう役割を担っているということであろう。

この種の意味合いは，言語表現そのものとしてよりも，それに伴ってのイントネーションとか，発話者の表情，身振りによって示されることも多い。この種のイントネーションとか身振りなどは，伝達内容そのものであるような情報を伝えるのではなくて，伝達がいわばどのような〈モード〉でなされているかについての情報を担う〈メタ言語的〉(metalinguistic)——つまり，発話内容そのものについてのコメント的な役割の——機能を担っている。（コミュニケーションの進化の歴史との関連でいえば，たとえば幼いチンパンジーが本気でなく相互に軽く咬み合って——あるいは，咬み

合うようなふりをして——遊んでいるときも、ある特別な発声や表情をとおして〈これは遊びですよ〉というメタ言語的な情報が伝えられているとのことである。)

戯語的な言い回し

このような状況で、相手に対する批判的な伝達内容が消えてしまうと、〈遊び〉を意図してのふざけたことば遣い——ときに〈戯語〉(jocular words) と呼ばれるような表現——に至る。英語の doughty という語は今日ではいくらか時代がかった感じのする語らしいが、そういうニュアンスを伴ってたとえばドン・キホーテのような人物に a doughty knight という表現を適用すれば、〈戯語〉的な用法が発生する。(日本語で「豪胆な騎士」という表現が適用されても、同じような効果が発生するであろう。) ただ、批判的な意味合いもなおいくらかは感じとれるという場合である。

〈読書好きの人〉のことを英語で bookworm (文字どおりには〈本につくシミ (という虫)〉) と言うが、これも少なくとも当初は〈戯語〉的な使い方であったのであろうし、同じ意味での日本語の「本ノ虫」はたぶんその翻訳借入であろう。my better half という表現で自分の結婚相手を指すのも〈ユーモア〉を含んだ言い方であるが、それを踏まえて my worse half ということで自分を指すのにも、当然それと似た意味合いを伴う。one's bosom friend は本来は自分の胸の中を打ち明けて語るほどの〈親友〉のことであるが、これはふざけた用法として人の身体に住みつく〈しらみ〉の意味で使われることもある。最近インターネットの普及により航空便ですら時間がかかりすぎるという意識が出てきて、航空便を snail mail と呼ぶ言い方も聞かれるが、これももちろん〈戯語〉的な表現である。あるいは、天国へ死者を届ける人として〈牧師〉のことを a sky pilot というのもおもしろい表現

であるが，現在ではこの表現はもう古めかしく感じられるということである。

すでに〈婉曲話法〉について見たし，また，次の PC 表現についても見るとおりであるが，この種の表現は，当初は〈虚のイメージ〉が効果的に働いてくれるのであるが，何度も繰り返して使われているうちに聞き飽きられてしまったり，あるいは，〈実のイメージ〉と直接結びつけて解釈されるようになったりして，本来の効果も失われていくという宿命を負わされている。

5．差別表現と PC

英語は〈男性中心的〉？

〈語義〉と〈指示物〉の間でのずれということでこの四半世紀くらいの間に大きな社会的問題となったのは，「PC 表現」にかかわる問題であった。ここでいう PC とは political correctness ないしは politically correct という句の頭文字を合わせて作られた表現で，辞書には次のように説明されている。

> **politically correct**＝'language, behaviour, and attitudes that are politically correct are carefully chosen so that they do not offend or insult anyone.' (*LDOCE*)

つまり，性，人種，身体障害，などに関して差別感を与えることのないような妥当な表現——ひとことで言えば，〈非差別表現〉——ということである。これに対し，「non-PC 表現」と言えば，そのような配慮の入っていない，あからさまに〈差別的〉(discriminatory) な表現ということになる。

このような問題提起のきっかけを作ったのは，英語はいかにも「男性中心に構築されている」(man-made) とするフェミニストたちの指摘であった（後の第 7 章を参照）。たとえば，同じ種類の

人間を表す表現であっても，男性である場合と区別してとくに女性であることを示す際には，原則として女性であることを表示する特別の語尾をつけた表現（ないし語形）を使うことがある。（たとえば，poet〈詩人〉に対して poet*ess*〈女流詩人〉。同じことは派生の仕方は異なるが〈人間〉一般を表す表現についても見られる。man〈人間〉に対して，〈女性の人間〉は *wo*man。後者はもと wifman という合成語に由来する形で，wif は今の wife であるが，この段階での意味は妻に限らず〈女性〉一般を表す。）同じ人間でも〈男性〉の場合は〈人間〉一般を表す語で指されるのに対し，〈女性〉の場合はそこから派生される語によって表される——ここから読みとられるのは，〈男性〉であることは〈人間〉の代表的な存在であることであり，それに対して〈女性〉のほうは派生的な，特殊な存在であるという意味づけの仕方である。

　そのような差別的な意味合いを回避するため，一方では -ess のように〈女性〉と特定化するような標識を有する語は使用を避け，〈女性〉の場合でも〈男性〉の場合と同様，一般的な意味の表現（たとえば poetess でなく poet）を使うこと，他方では〈女性〉を排除して〈男性〉のみを指示するような語（たとえば man）を一般的な意味で使うのは避け，性別に関しては中立的な意味の語（たとえば person）でもって置き換えるという試みであった。

　そしてその間にも，語によってはさまざまないきさつがあった。たとえば chairman〈司会者〉という語は男性中心的な man が入っているから不適切。それでは女性の〈司会者〉の場合は chairwoman と言えばよいのかというと，これはまた woman という形で女性と特定化しているから不適切。そこで chairperson という形が登場し，これなら中立的ということで定着するかに見えたのであるが，形が長過ぎて落ち着きが悪い。結局，20世紀の

末頃までには chair という語を〈司会者〉の意味で使うということで決着がついたようである。

文法領域での PC

 同じような問題は代名詞の用法との関連で〈文法〉の領域にももち込まれることとなった。たとえば，性を特定化しないで使われた teacher や student といった名詞，あるいは，everyone, someone, anyone（同じように everybody, somebody, anybody）といった不定代名詞——こういった語を人称代名詞で受ける場合にはどうするか。伝統的には，これらの場合，男性を表示する he という形を女性も含めた全体の代表として用いるのがふつうであった。男性中心的な用法という批判のもとに，これは改められ，he or she（あるいは，she or he）という表現を代わりに用いるか，さもなければ複数形を導入して性別に関係のない they という代名詞を使うことが推奨された。次ページの囲み記事(2)は，まだこうした動きが初期の頃にホノルル市が指針として出していた刊行物の一部である。

 しかし，he or she, his or her, him or her といった形でいちいち繰り返すのはいかにも煩わしい。一時期，主格の形については，印刷の場合にだけでも s/he という短縮形を使うということがかなり行われたが，これもエレガントとは言えない。結局，一方では最初から複数形を導入して they で受けるという構文（たとえば "A student who is dissatisfied with his or her grade...." の代わりに "Students who are dissatisfied with their grades...."）を工夫してみるということと並んで，究極的には each student や someone でも複数形の they で受けることを認めるという雰囲気が定着してきたようである。*LDOCE* には，"Each person must make up *their* own mind." とか，"Somebody left *their* umbrella behind." といった文が容認できるものとして挙げられている。

PC 表現はゴマカシか

　PC 表現のポイントは，従来問題の〈指示物〉に適用されてきた表現とは異なる〈意味〉の（したがって，異なるイメージを喚起する）新しい表現を創り出して適用してみるということである。その意味では，すでに取りあげた〈比喩〉や〈婉曲話法〉と似た状況にあるわけである。しかし，新しい穏当な表現を創ってしまえば，それですべての場合に問題が解決できるというわけではない。たとえば，先に見た〈司会者〉のように性差が問題になるような場合だと，chairperson（あるいは，最終的に定着したように，その種の複合語を構成する要素を完全になくして chair）とすることで，言語表現の上での問題は解決できるわけであるし，事実そう

---

(2)
+ Replace the masculine pronoun with *one, you*, or (sparingly) *he* or *she* as appropriate.
 AVOID
 If the student is dissatisfied with *his* grade, *he* can appeal to the instructor.
 USE
 A student who is dissatisfied with *her* or *his* grade, can appeal to the instructor.
+ Alternate male and female expressions.
 AVOID
 Let each student participate. Has *he* had a chance to talk? Did *he* feel left out?
 USE
 Let each student participate. Has *she* had a chance to talk? Did *he* feel left out?
+ Use plural indefinite pronoun.
 AVOID
 Anyone who wants to go to the game should bring *his* money tomorrow.
 USE
 All those who want to go to the game should bring *their* money tomorrow.

いう解決法で批判されるべき状況は解消された。同じように，policeman という性差が問題となる表現については，police officer という性差については中立的な表現が創り出され，これもすっかり定着している。しかし，そのような中立的な表現がすべての場合に見出せるとは限らない。そうすると，多くの場合に採られるのは〈婉曲話法〉に近い手法——つまり，〈指示物〉は従来のままであるが，それにいくらか穏当な，あるいは，もっと積極的にむしろプラスのイメージを喚起するような語を創出してみるという試みである。

たとえば，poor というのは〈貧しい〉ということをそのものずばりで言うから差別語である。それに代わる PC 表現として登場するのが，たとえば economically disadvantaged（文字どおりには，〈経済的に不利益を蒙っている〉）である。固い形式ばった表現にすることによって，〈貧しい〉ということにまつわる日常的な連想を排除しようという意図であったのであろう。economically exploited という PC 表現になると，文字どおりには〈経済的に搾取されている〉ということであるから，〈貧しい〉ということが当事者たちが好んで選んだ状況ではないこと，むしろ，当事者たちは被害者であるという視点も打ち出す表現になっている。そして，さらに出てきた differently advantaged（文字どおりには，〈違ったやり方で利益を得ている〉）ともなると，一方ではたしかに〈貧しさ〉と結びつけられがちなマイナスのイメージをプラスに転じ，積極的な意味合いを求めるという話し手の態度もたしかに感じとれはするものの，他方ではその積極的な意味合いが具体的にはどのようなものかが何も示されていないがゆえに，ことばの上での単なるごまかしに過ぎないのではないかという疑念もわいてくる。このあたりで PC 運動も 1 つの転機に立たされることになる。

PC 表現を創出し，問題となっている〈指示物〉についてのイメージを変えさせるという試みは，その〈指示物〉に対する態度を変化させるための前提となるものであろう。しかし，それがしばしば，イメージのすりかえということばの上だけでのレベルにとどまって，現実面での態度の変更に結びつかないという可能性も孕んでいる。身体障害にかかわる disabled という差別語に代わる PC 表現としてまず physically handicapped が現れたあと，もっと積極的なイメージを喚起するものとして physically challenged（文字どおりには，〈身体面で挑戦を受けている〉——〈挑戦を受けている〉のであるから，その人は〈チャンピオン〉かも知れないのである）という PC 表現が生じる。しかし，この後は challenged という形の表現がひとり歩きをし始める。aurally challenged や optically challenged のような一応まじめと思えるようなものに始まり，horizontally challenged（=fat），vertically challenged（=small, dwarf）のようなもの，果ては chronologically challenged（=old），metabolically challenged（=dead），hygienically challenged（=dirty）のようなものに至ると，もはやふまじめさが感じられるだけということになろう。

第2章 語彙の中の意味関係

1. 文の構造と語彙の構造

語と語の間の意味関係

　ことばの話し手として，私たちは頭の中に数多くの語句を蓄えており，実際に現実の場面でことばを使うという際には，それらの中から選び出した語句をつなぎ合わせて，文（あるいは，それに準じる形）にして用いるということをしている。

　語句をつなぎ合わせて文の形にしていく場合には，私たちは一定の決まりに従って配列しなくてはならないということを知っている。たとえば，〈ジョンがメアリを愛している〉ということを英語で言いたければ，"John loves Mary." という形であって，"John Mary loves." のような配列の仕方でないこと，あるいは，〈よい少年〉と言いたければ，'a good boy' でよいが，〈何かよいもの〉と言いたくて 'something' という語を使うならば，'something good' というように形容詞はあとへまわさなくてはならないというようなことである。

　一定の決まりに従って文が作られるということは，文というものが語句をただ好き勝手に並べたというのでなく，一定の秩序だった構成をもっているということで，少し難しい言い方をすると，文にはそれなりの〈構造〉（structure）があるということである。文を作る際に従わなくてはならない決まりというものがいわゆる

〈文法〉(grammar) であるから，文には文法的な構造があるということである。

ところで，私たちの頭の中に蓄えられていて文を構成する素材となる数多くの語句——つまり，〈語彙〉(vocabulary, lexicon)——にも構造と言えるものがあるのであろうか。一見，私たちの頭の中の数多くの語句は，たがいに無関係の形でばらばらに詰め込まれているに過ぎないと思えるかもしれない。これは，1つには，文の場合は一定の決まりに従って語句が配列されるという形でその構造性が誰しも気づくように顕在的に現れてくるのに対し，語彙の場合は構造性があるとしても，それ自体は多く潜在的な形にとどまっているということもあろう。

しかし，日本語での生活の場面でも，たとえば「霧」なのか「靄」なのか，「冷タイ風」と言うべきか「寒イ風」と言うべきか，あるいは，眼の前の木（仮にそれが赤松であったとして）を「赤松」と呼ぶべきか，「松」や「木」と呼ぶだけで十分であるのかとか，「シリツノ学校」と相手が言うのを聞いて，一瞬「市立」なのか「私立」なのかとためらう——こういった経験をすると，私たちは頭の中で語句がばらばらにしまわれているのではなくて，ある語はある語と特別に関係づけられて蓄えられているらしいことがわかる。語彙の中で語と語が特別に関係づけられているといった場合，どのような種類の関係があるのか——それが本章で取りあげる語彙の中の意味関係という問題である。

2．同義語か類義語か

同義語の定義

この意味関係でたぶん私たちにいちばんお馴染みと思われるのは，〈同義性〉(synonymy) ということであろう。意味の同じこ

とばがあって，それが〈同義語〉(synonyms) と呼ばれるというわけである。

　同義語ということを考える場合にまず重要なのは，〈意味〉が同じということを言っているのであって，〈指示物〉が同じということではないという点である。たとえば，the morning star（明けの明星），the evening star（宵の明星）という2つの表現は，どちらも金星 (Venus) のことを言っているわけである。つまり，〈指示物〉は同一である。しかし，だからといってこの2つの表現の〈意味〉が同じとはとても言えない。また，目の前に1羽のコマドリがいるとして，それを指してa robin とも a bird とも言えるし，また an animal とすら言っても間違いというわけではないが，だからといって robin と bird と animal という語の意味は同じだとはとても言えない。つまり，〈指示物〉が同一であるということは同義語であるという十分な根拠にはならない。そうではなくて，〈意味〉が同一かどうかということを問題にしなくてはならないということである（図2－1）。

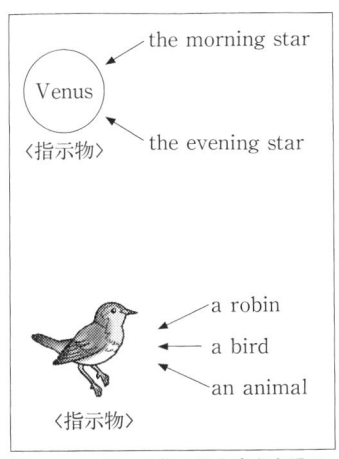

図2－1　同一の指示物を違う表現で指す

一見〈同義〉，実は〈類義〉の例

　それでは，〈意味〉が同一であるかどうかということは，どのようにして調べればよいのであろうか。第1章で，語の〈意味〉には話し手がそれに従ってその語を使う基準といった側面のある

ことを見た。そうすると，もし同じ意味の語があれば，まったく同じような使われ方をするということである。言い換えると，一方の語が使われるコンテクストではすべてもう一方の語も使われ，その逆も可能である——こういう場合がもしあったとすると，その2つの語は同じ〈意味〉であると言えることになる。この基準をたとえば先ほどの the morning star と the evening star にあてはめてみると，朝の東の空に輝く金星を指して the morning star と言うのは問題ないが，それを the evening star と呼ぶのはおかしいし，夕方西の空に輝く金星についてなら，逆のことが起こるはずである。2つの表現は相互に交換できるわけではないから，同義であるとは言えないことになる。また，日本語で言う「宇宙飛行士」に相当する言い方は英語には2つある。astronaut と cosmonaut である。どちらも宇宙船の乗組員という点では同じであるが，前者はアメリカ国籍，後者は旧ソ連国籍の人物に適用されるという区別がなされてきた。その限りでは2つの語も同義語とは言えないわけである。

　このように考えてくると，完全に意味の同じ語，つまり，絶対的な同義語，と言えるようなものは，そもそも存在しないのではないかと考えることができる。もし一方が使えるところには，他方も使え，その逆も可能であり，しかもそのような相互交換の可能性がすべての場合に成り立つというような2つの語があったとしたら，それはコミュニケーションの手段としての役割から言ってまったくむだであるし，また，むだであるどころか，かえってまぎらわしいと考えることすらできよう。かりに偶然そういう状況がたまたま生じたとしても，そのうちに一方が使われなくなるか，あるいは両者の使い方の間に差が生じてくるであろうと想像される。

　上のことは，一見同義と思われる関係が一方は語，他方は句と

いう形で存在する場合にもあてはまる。たとえば，boy という語の意味の定義として male child という言い方がなされていることがある。後者は前者の定義であるから両者は同義と言ってよさそうに思えるが，先に見た基準で考えるとそうは言えないことがわかる。たとえば，a boy and a girl という表現を a male child and a girl と言い換えてさしつかえないかと言われれば，後者はたいへん不自然な表現としか評価されないであろう。ことばの〈意味〉ということでは，両者は同じではないのである。

　このように考えてくれば，同義語といっても，実は意味が近いという程度問題でしかありえないことがわかる。(「同義語」という表現の代わりに「類義語」という言い方がよく使われるのも，そのような理由からである。) 意味が程度問題として似ているだけということは，裏返せばどこかが違っているということである。ことばの適切な使用ということからすると，このどこかが違っているということが大切である。その違いが確認できていないと，2つの語を混同することはあっても，正確な使い分けができないということになるからである。

発信型の辞書と受信型の辞書

　意味の似たことばの使い分けを教えてくれる辞書としては，私たちは「同義語〔類義語〕辞典」というものがあることを知っている。同じ項目のもとに意味の似た語が集めてあって，それぞれの特徴的なニュアンス，相互の意味上のずれを説明し，例文を添えるというのがこの種の辞書の基本的な形式である。

　「同義語〔類義語〕辞典」の考え方をもう少し発展させると，〈発信型〉の辞書とでも言えるものにたどりつくことがわかる。そのような辞書になるためには，意味の似たことばだけでなく，もっと広く，意味の上で関連することば（つまり，同じコミュニ

ケーションの場面で用いられる可能性のあることば）をまとめるという形にする必要がある。そうすると，あるテーマについて話そうとするとき，その該当する項目を見ると，話すのに必要なことばが集めてあって，それぞれの間の意味の違いが説明されているのが見出せるということになる。ふつうの辞書は，ことばから出発してそれによってどういう内容が表され，伝えられるかを教えてくれる（つまり，与えられた表現の意味を読みとるという言わば〈受信型〉の）辞書である。これに対し，今問題にしているような辞書は，表したい内容，伝えたい内容から出発して，それにはどういうことばを使えばよいかを教えてくれるという意味で〈発信型〉と言うことができる。

〈発信型〉の辞書の例として，とくに外国語としての英語の学習者を念頭に編纂された *Longman Language*

---

(1)
BEAUTIFUL/GOOD-LOOKING

1 words for describing a beautiful woman
beautiful	lovely
good-looking	gorgeous
pretty	stunning
attractive	ravishing
striking	of great beauty
handsome	elegant

beautiful /ˈbjuːtɪfəl/ extremely good-looking, much more so than most women [adj]
She was even more beautiful than I had remembered. | *The female characters in this book are all the same – beautiful, desirable women with rich husbands.* | *Madam de Montespan, the most beautiful woman at the court of Louis XIV*

good-looking /ˌɡʊd ˈlʊkɪŋ ◂/ pleasant to look at [adj]
Mary was tall and good-looking. | *A good-looking young woman dressed in black came into the room.* | *No, she's not plain at all. In fact, she's rather good-looking.*

pretty /ˈprɪti/ good-looking in an ordinary way but not really beautiful or sexually exciting [adj]
She's short and pretty, with curly red hair. | *Shirley's certainly pretty, but I wouldn't call her beautiful.*

attractive /əˈtræktɪv/ good-looking, especially in a way that makes you feel sexually interested [adj]
Sophia is very attractive in a strange kind of way. | *Why are you surprised? Your mother is still an attractive woman!* | *I don't find her attractive at all.*

striking /ˈstraɪkɪŋ/ very attractive, especially because you have a particular feature, such as hair or eyes, that is beautiful and unusual [adj]
With her mass of black hair and pale skin she looked very striking. | *Celia had striking brown eyes like some Russian icon.* | *I remember Alice as a woman of striking beauty.*

handsome /ˈhænsəm/ a handsome woman is good-looking in an unusual way, especially because she is tall or strong or looks as if she has a strong character [adj]
She was a tall, handsome woman of forty-five with a proud intelligent expression. | *The general's daughter is handsome and spirited.*

lovely /ˈlʌvli/ very good-looking, with an attractive and pleasant character [adj]
Claire is young and lovely, but very shy. | *He told his wife that evening that she had never looked lovelier.*

gorgeous /ˈɡɔːdʒəs/ an informal word meaning very good-looking, especially in a way that is sexually attractive [adj]
He always came to parties with his gorgeous girlfriend by his side. | *"You look gorgeous as ever," he declared, "the years have been kind to you!"*

stunning /ˈstʌnɪŋ/ extremely good-looking and sexually attractive, so that everyone notices and admires you [adj]
You look stunning in that purple dress. | *Yvonne was one of the most stunning-looking girls I've ever seen in my life.*

ravishing /ˈrævɪʃɪŋ/ a word meaning very good-looking and sexually attractive, used especially in humorous descriptions [adj]
The farmer had three daughters, all three blonde and ravishing.

of great beauty /əv ˌɡreɪt ˈbjuːti/ an expression used especially in literature meaning very beautiful [adj phrase]
In her youth she had been a woman of great beauty.

elegant /ˈelɪɡənt/ good-looking, well-dressed, and graceful [adj]
They were a very attractive couple: he was dark and handsome, she was tall and elegant. | *An elegant young woman sat at the next table, sipping a cocktail.*

(*Longman Language Activator*)

Activator（1993）を見てみよう。たとえば，〈美しい女性〉ということを英語で言いたい場合，〈美しい〉というところにどういう語を使えば適切かを考えてみたいと思ったとする。この辞書ではBEAUTIFUL/GOOD-LOOKINGという大項目が見つかる。この大項目には下位区分がしてある。〈美しい〉といっても〈人〉についてなのか，〈もの〉についてなのか，〈人〉なら〈女性〉なのか，〈子ども〉なのか，――こういったことで選択できることばには異同が生じるからである。その中で〈女性〉に関する項は(1)のような記述になっている。いくつかの形容詞が挙げられ，それぞれについて特徴的なニュアンスが説明され，例文が添えられている。（形容詞の配列順は，使用の頻度順に従っている。）説明を読むと，たとえばbeautifulのほうがprettyよりもずっと美しさを強調する語であること，handsomeが女性について用いられるのはどういう場合か，あるいは，lovelyはどういうニュアンスを含んで用いられるかなどがわかる。説明を読んだ上で，学習者は自分の意図する意味合いをいちばんうまく表してくれそうな語を選べばよいわけである。

3．反意語――意味が〈反対〉とは……

反意語は実は意味が近い

　同義性の次に，一見それと正反対の場合と思える〈反意性〉（antonymy）について考えてみよう。〈反意語〉（antonyms）というと，反対というのは非常にかけ離れているということであるから，私たちはしばしば，反意語は同義語の正反対の状況にある語というふうに受けとりがちである。果たして，そうであろうか。

　たとえば，「黒」と「白」は反意語の関係にある。しかし，黒と白が非常に違った相互に縁遠いものどうしであるかというと，

決してそうではない。かりに緑と黒，あるいは緑と白という組み合わせを作って，黒と白という組と比較してみると，緑と黒や緑と白は相互に組み合わされる必然的な理由は見出しがたいのに対し，黒と白では2つの項の間は特別に密接な関係によって媒介されていると感じられよう。つまり，黒と白は無彩色（色相を含まない色）という同じ尺度の上で両極に近い部分を占めるという関係にあるのであって，同じ尺度の上に立つという限りにおいて両者はいわば共通の基盤に立っているわけである。同じように，「父」と「母」という反意語はどちらも親という共通の基盤を踏まえて関係しているから，両者は意味的に密接に結びついていると感じられるわけである（図2-2）。

| 黒 ←--------→ 白 |
| 無 彩 色 |

| 父 | 母 |
| 親 ||

図2-2　共通の基盤

反意語の3つのタイプ

まず，このことを確認した上で，次に意味が反対であるということにはいくつかの違った場合があるということに注意しておく必要がある。第1のタイプは先ほどの「父」と「母」のような場合，英語で言えばfatherとmother，manとwoman，rightとleft，frontとbackといった場合である。このタイプの反意性の特徴は，2つの項の間の意味の境界線が明瞭であるということである。境界線が明瞭であるがゆえに，たとえば親のことを話題にしている限り，fatherでなければmother，motherでなければfatherということが一義的に決まる。2つの項は，一方が成り立てば他方は成り立たないという相互排除の関係に立っている。

第2のタイプは先ほどの「黒」と「白」のような場合で，この場合2つの項の間には明確な境界線はなく，したがってまた相互

排除の関係も成り立たない。「黒」と「白」の間には，さまざまな程度の濃さの「灰色」の領域が展開していて，「黒」でなければ「白」，「白」でなければ「黒」と単純に割り切れないわけである。英語のblackとwhiteの関係も

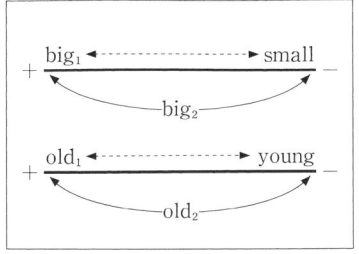

図2－3　プラスの項の広い意味$_2$と狭い意味$_1$

もちろん同じであるし，goodとbad, bigとsmall, oldとyoungといった反意語の組でも，2つの項は厳密に相互排除の関係にあるわけではない。

blackとwhiteでは2つの項は対等の関係にあるように感じられようが，このタイプの反意語の多くのものでは，それらがよって立つ尺度に関して一方が〈プラス〉の極の方向，他方が〈マイナス〉の極の方向にそれぞれ位置しているという受けとり方がされる。たとえば，goodやbigやoldは〈プラス〉の方向，badやsmallやyoungは〈マイナス〉の方向にそれぞれ位置していると受けとられる（狭い意味）。このような非対称性が2つの項の間で認められる場合，〈プラス〉のほうの項はもう1つの意味として，〈プラス〉〈マイナス〉両方の部分を包含して尺度全体を指しても用いられる（広い意味）という特徴が広く見られる（図2－3）。たとえば，次のようなやりとりを参照にしてみるとよい。

(2) "How big is it ?"　"Oh, it's very small."

(3) "How old is he ?"　"Oh, he's only five."

(2)では，問いにbig, 答えにsmallという反意語が出ているが，別に矛盾しているわけではない。日本語でも(2)に対応する場合「それはどれくらい大̇き̇いの」と聞くが，このような場合，big

も「大きい」も大きさの尺度全体を指していて，とくに〈プラス〉の極に近い部分を意味しているわけではない。同じように(3)の old という形容詞も高齢という意味合いはないわけである。おもしろいことに，〈マイナス〉の極に近いほうを指す語には尺度全体を表す用法はない。

(4) "How small is it ?"
    "Oh, it's very small."
(5) "How young is he ?"
    "Oh, he's only five."

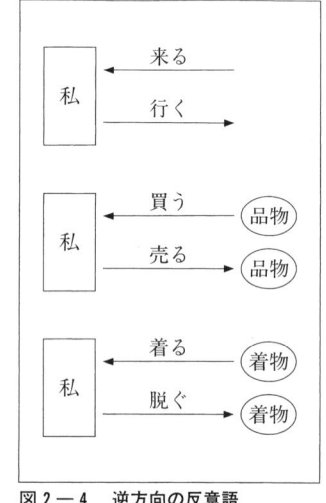

図2−4　逆方向の反意語

(4)や(5)の場合，聞き手は問題になっているものが小さい，あるいは，問題になっている人物が若いということをすでに知っていて，その上で，その小ささや若さがどの程度のものであるかを尋ねている。それに対し，(2)や(3)の場合の聞き手は，そのような前提をしていない。

　反意性の第3のタイプは，移動の方向性が反対ということにかかわるものである。「来る」と「行く」はその基本的な場合で，たとえば私を基準点とした場合，「来る」は私のいるところへ向けての移動，「行く」は私のいるところからの移動である。「買う」と「売る」，「借りる」と「貸す」，「習う」と「教える」なども同様の関係にあることがわかる。「私が買う」というのは品物が私のところに来ることであるし，「私が売る」というのは品物が私のところから行くということである。さらに延長すると，「着る」と「脱ぐ」のような反意語にも同様の関係が認められることがわかろう（図2−4）。

4. 包摂性——意味の上下関係

置き換えは一方向

〈同義性〉や〈反意性〉ともあるところで関連する概念であるが、次に〈包摂性〉(hyponymy) という意味関係について考えてみよう。〈包摂〉とはもともと論理学の用語であるが、たとえば「親」と「父」、「親」と「母」というように、上位概念と下位概念という関係にある場合である。論理学では、このような場合、〈外延〉(extension)（つまり、その概念範疇に含まれる事例の範囲）と〈内包〉(intension)（つまり、それらの事例に共通の属性）という術語を使って、上位概念は下位概念に比べて外延は大きいけれども、内包は小さいというような規定をする。たとえば、親である人の数は父である人の数より多い（つまり、「親」の外延は「父」の外延よりも大きい）けれども、親である人に共通の属性は父である人に共通の属性より少ない（つまり、「親」の内包は「父」の内包より小さい）。「父」というものには「親」に共通の属性の上に、少なくとも〈男性〉という特徴がさらにつけ加わるからである（図2-5）。

上位概念を表す語は〈上位語〉(superordinate)、下位概念を表す語は〈下位語〉(hyponym) と呼ばれる。同義語どうしの場合と違って、〈上位語〉と〈下位語〉の間では、置き換えは一方向にしか働かない。たとえば「父に言っ

外延

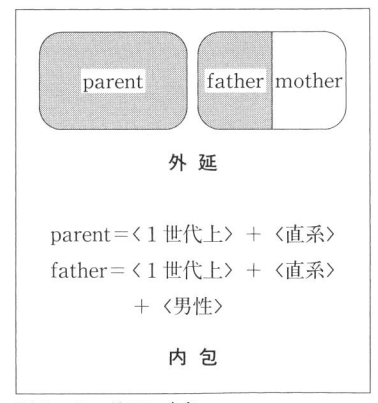

parent＝〈1世代上〉＋〈直系〉
father＝〈1世代上〉＋〈直系〉
　　　　＋〈男性〉

内包

図2-5　外延と内包

た」、「母に言った」という文で「父」や「母」を「親」に直して「親に言った」と言っても文の妥当性は変わらないが、逆に「親」の代わりに「父」や

図 2-6 包摂性と反意性

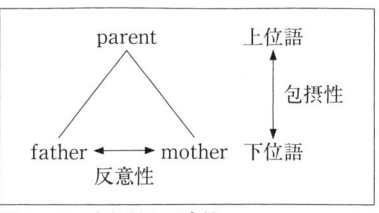

「母」を置き換えてもいつもさしつかえないかというと、そうとは限らない。「親が友達の母と再婚した」ならば「親」を「父」に置き換えてもよいが、同じ下位語でも「母」に置き換えるわけにはいかない。上位語と下位語の場合、問題のない置換が常にできるのは後者から前者への一方向だけである（図 2-6）。

上位語・下位語のさまざまな対応関係

1つの上位語に対して対応する下位語が2つしかない場合は、この2つの下位語は反意語の関係を構成することになる。両者の間には、一方でなければ他方であるという相互排除的な関係が存在する。同時に、上位語は両者の立つ共通の次元を表すこととなる。

上位語に対する下位語の数は2つに限られるわけではない。たとえば、「家畜」を上位語とする下位語には、「牛」「馬」「豚」「羊」など多数考えられる（図 2-7）。この場合も、どれか1つに決まるとそれ以外のものである可能性は排除されるということになる。

包摂性で興味深いのは、下位語はあるのに対応する上位語が存在しないという場合である。たとえば、father と mother に対応し

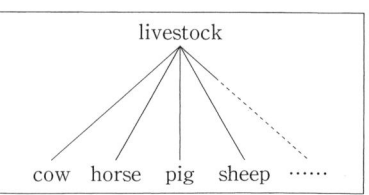

図 2-7 下位語が3つ以上

て上位語 parent があるというのと同じように，uncle と aunt に対応する上位語があるかというと，これは存在しない。同じことは brother と sister を包摂するような上位語についても言える。学術的な議論では便宜的に sibling という語が使われることがあるが，この語は日常的なことばには属さない（図2－8）。

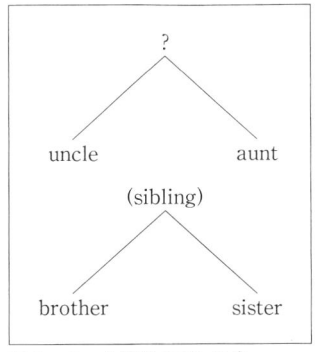

図2－8　上位語のない場合

包摂性の関係はさらに上のほうにも，さらに下のほうにも延長され，その結果，いくつもの階層をもつ関係構造が構成されることがある。このような階層構造は，〈タクソノミー〉（taxonomy）と呼ばれることがある。たとえば図2－9では，「赤松」は「松」の一種，「松」は「針葉樹」の一種，「針葉樹」は「木」の一種，「木」は「植物」の一種，「植物」は「生物」の一種というように，何階層かにわたって包摂関係が構成されているわけである。論理的には，上位語で表される概念に何らかの特定化する要因が加わって下位語で表される概念になるという関係が繰り返されているだけのように見えるかもしれないが，人間とのかかわりという観点から見てみると，すべての階層が同じ価値をもつわ

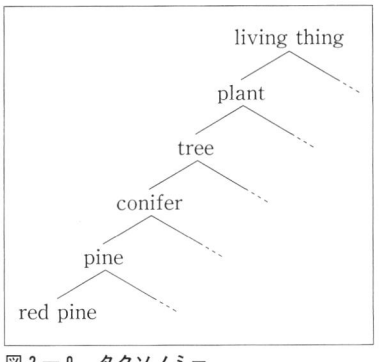

図2－9　タクソノミー

けではないことがわかる。図2−9のような場合，たぶん pine（あるいは，人によっては tree あたり）がいちばんとっつきやすい階層のように思え，それより下ると馴染みが薄くなるし，上ると一般的すぎるという印象がもたれよう。いちばんとっつきやすい階層のことを〈基本レベル〉(basic level) と呼ぶことがある。基本レベルに位置する語は複合語でなく，単一の語の形をとる傾向があるとか，習得の時期が早いといった特徴の認められることが知られている。

5．同音語──語形の類似

曖昧さとその解消

　以上見てきたのは，語句が意味の上での類似（あるいは，類似とは言えなくとも何らかの関連性）があることによって，相互に連想され合うといった場合であった。語句が相互に連想され合うきっかけとして，形の上で類似しているということがある。〈同音性〉(homonymy) と呼ばれるのはその典型的な場合である。〈同音語〉(homonyms) とは，もともと別のことばであるのに，たまたま同じ発音をもつ語ということであるから，本来意味の問題とは一応切り離せるはずである。しかし，同音語どうしが意味の上でもたまたま関連性のあるようなものだと，現実の言語使用の場で意図されている意味が何かという点で曖昧さの生じることがある。（たとえば，日本語の「科学」と「化学」，「私立」と「市立」のような場合で，曖昧さを避けるために「カガク」と「バケガク」，「ワタクシリツ」と「イチリツ」といった読み換えがよくなされる。）この限りでは，意味の問題とも絡んでくるわけである。

　同音語という場合はもっぱら話しことばのレベルでの発音が同じということであるから，これに書きことばのレベルでの綴りの

異同という点を考慮に入れると，綴りの上でも同じ同音語（たとえば，bank〈銀行〉とbank〈土手〉，pole〈棒〉とpole〈極〉）と綴りの上では異なる同音語（たとえば，son〈息子〉とsun〈太陽〉，sea〈海〉とsee〈見る〉）とがあるわけである。（クマのプーさんの話では，プーが北極（North Pole）には棒（pole）が立っていると思い込んでいたというところがある。6を参照）

(6)
"Pooh," he said, "where did you find that pole?"
Pooh looked at the pole in his hands.
"I just found it," he said. "I thought it ought to be useful. I just picked it up."
"Pooh," said Christopher Robin solemnly, "the Expedition is over. You have found the North Pole!"
"Oh!" said Pooh.
(A. A. Milne: *Winnie-the-Pooh*, Methuen, London, 1982[1926])

　これにさらに，品詞が同じかどうかを考慮に入れることもできる。（たとえば，上のbank, pole, son/sunは同品詞，sea/seeは別の品詞の場合である。）品詞の異同との関連で1つ言えることは，品詞が異なれば，現実の使用場面で曖昧さの生じる可能性は少なくなるであろう。たとえば，knowとnoとか，twoとtooくらいに品詞が大きく異なっていれば，混同の可能性の生じることはまずないであろう。品詞が異なれば，文中での使用される位置が異なってくるからである。ついでに，同音・異綴の逆の場合として，異音・同綴という語のあることにも注意しておいてよい。たとえば，tear〔tiə(r)〕〈涙〉とtear〔tɛə(r)〕〈裂く〉，wind〔wind〕〈風〉とwind〔waind〕〈巻く〉のような場合である。

　個々の語としては別であるのに，それが結合されると偶然似た発音になって，句や場合によっては文レベルで同音に近い状態が生じることがある。日本語でも，「海ノアナタニウスガスム」とか「兎オイシカノ山」などといった歌の文句を幼い頃にはまった

く間違ったふうに解釈していたという経験のある人が多くいるはずである。英語でも，"Gladly the cross I'd bear."（われ喜んで十字架を背負わん）という讃美歌の文句を幼い頃，"Gladly, the cross-eyed bear...."（やぶにらみの熊のグラッドリーは……）ということだと思っていたと話してくれた人がいた。"I scream. You scream. We all scream for ice cream." という文句でも，句レベルでの同音性が利用されているわけである。

6．多義語──1つの語形に2つ以上の語義

同音語と多義語のまぎらわしさ

〈同音性〉と関連してもう1つ考えておくべき問題として，〈多義性〉（polysemy）ということがある。「多義語」というのは，1つの語が2つ以上の意味をもっているということであるから，基本的には語彙ではなく，単一の語にかかわる問題である。しかし，多義語を同じ語形に異なる意味が対応している場合と捉え直してみると，語形と語義の関係は同音語の場合と基本的に同じであることがわかる（図2−10）。つまり，同一の語形に異なる語義が対応していると思える場合，話し手は語義の間に関連性がないと思える場合には〈同音語〉，何らかの関連性があると感じる場合は〈多義語〉という受けとり方をするわけである。したがって，意

図2−10　多義性と同音性

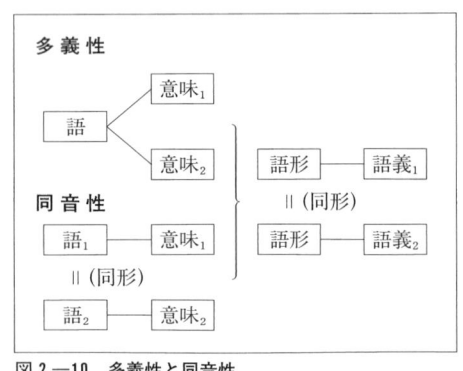

味の近い同音語どうしの場合とまったく同じように，多義語も現実の言語使用の場面で曖昧さを生じさせることがある。たとえば funny という語は（日本語の「オカシイ」とも平行する形で）〈おもしろい〉と〈変な〉という意味があるから，どちらが意図されているのかが曖昧になることもありうるわけである。

　伝統的な辞書では，同音語と多義語を区別するのに，もともとは形の違う別の語であったのが，音変化などのためにあとになってたまたま同じ形になってしまったのなら同音語，もともとから同じ語であったのなら多義語というように，語源に基づいて同音語と多義語を区別するというやり方がふつうであった。しかし，言語の平均的な話し手はいちいちそういう語源的な知識をもっているわけではない。そうではなくて，もっぱら意味が近いかどうかで判断するものである。そうすると，語源的な基準による区別と話し手の感じ方に基づいての区別との間に食い違いの生じることも起こってくる。

　たとえば，ball〈ボール〉と ball〈舞踏会〉，plant〈工場〉と plant〈植物〉，pole〈棒〉と pole〈極〉，right〈右〉と right〈権利〉，table〈テーブル〉と table〈図表〉，temple〈寺院〉と temple〈こめかみ〉といった場合，2つの語義はかなり離れているから同音語の場合と思えるかもしれない。実際には，語源的な基準で同音語であるのは ball と pole とたぶん temple の場合だけであって，残りは本来同一語の異義，つまり，多義性の場合なのである。

　このような状況であるから，場合によっては，もともと語源的には同音語であったものが（意味が近いと感じられて）多義語と解釈され直されたり，あるいは逆に，もともと多義語であったものが（意味がかけ離れていると感じられて）同音語として扱われるようになるということも起こる。前者のよく知られた例は，ear

という語である。もともとは語形が似ているだけの別語であったのが，音変化のためにまず同音語になる。その上で〈耳〉と〈穂先〉という意味の間に関連性（どちらも端のほうについている，ひらひらする）が感じられるようになって，多義語と解釈される傾向も出てきたというわけである。

逆に後者の例として，現在は同音語の〈花〉を意味する flower と〈粉〉を意味する flour はもともとは

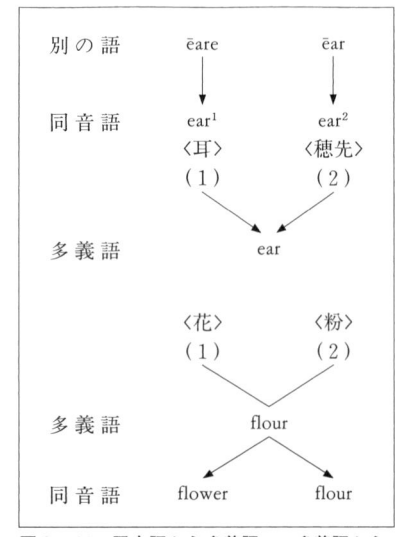

```
別の語      ēare        ēar
             ↓           ↓
同音語      ear¹        ear²
           〈耳〉       〈穂先〉
           (1)         (2)
                ↘     ↙
多義語            ear

              〈花〉      〈粉〉
              (1)        (2)
                ↘      ↙
多義語            flour
                ↙     ↘
同音語      flower      flour
```

図 2—11　同音語から多義語へ，多義語から同音語へ

同じ１つの語の２つの別義であった。（漢字の「華」にも，〈花〉という意味と〈(白い) 粉〉という意味——たとえば「亜鉛華」などという場合——がある。）しかし，２つの意味の間の連想が困難と感じられるようになって，それぞれに別の綴り字が与えられ，現在の同音異綴語になったというわけである（図 2—11）。この違った綴りで表記するというところを違った漢字で表記するということに置き換えると，同じような変化が日本語の歴史でも多く起こっているのに気づく。「澄む」と「住む」と「済む」という３つの「スム」もその１つの例である。その他，「移す」と「写す」と「映す」，「賢し」と「畏し」，「誤る」と「謝る」なども同じ場合と考えられている。

一見似ていない語義をもつ多義語

　同音語と多義語の区別に関して，もう1つ，両者の間での動揺が異なる言語間でも見られるということにも注意しておくとよい。たとえば，日本語の「スミマセン」という表現は〈お詫び〉の意味にも，〈お礼〉の意味にも使われる。つまり，英語で言えば"I'm sorry."と言うべき場合にも，"Thank you."と言うべき場合にも使える表現である。日本語の話者の感覚からすれば，2つの使い方の間には十分な関連性——ありがたいが相手の気遣いに対して申しわけないという気持ち——が感じとれるのであろうが，英語の感覚からすると"I'm sorry."という場合と"Thank you."という場合とはまったく別ということになろう。(ただし，形式ばった言い方の"I am much obliged."といった言い回しは，〈ありがたい〉と〈あなたに多くを負っている〉という意味合いの重なっているという限りでは，いくらか近い状況が認められる。)私たちが英語を習って，たとえばmissという動詞に〈逃がす〉と〈(ある人が)いなくて寂しく思う〉という意味があることを知ると，一見関連のなさそうな意味なのにどうして，と不思議に思ったりすることがあろう。happyの〈幸福な〉と〈適切な〉という意味，commandの〈命令する〉と〈見晴らしがきく〉という意味などについても，同じような印象をもつ。しかし，その気になって少し考えればわかるとおり，それぞれの2つの意味の間にはそれなりのつながりがあることがわかる。a happy remark（適切な発言）は人をhappyにするような発言である。多くの人に命令するときの典型的なイメージは，命令者が一段と高い位置に立って皆を見下すような構図である場合である。

7．選択制限——語と語の結びつき

　語と語の間の意味関係ということで，最後に〈選択制限〉(selection restriction)，あるいは〈コロケーション〔語結合〕〉(collocation) と呼ばれる問題を取りあげておきたい。ある語は，文法の決まりに合った構造を作っている限り，どのような他の語と結合してもよいというのではなく，結合できる相手には制約があるということである。たとえば日本語で「麗シイ淑女」というのはよいが，同じ構造の表現でも「麗シイ紳士」というのは変である。同じように，英語の形容詞 lovely は，lovely ladies, lovely girls, lovely babies などと言うのはよいが，lovely gentlemen というのは変である。このような状況を記述するのに2つのやり方がある。1つは lovely は lady, girl, baby といった語とは結合するが，gentleman とは結合しないというように，結合相手の語を列挙しておくやり方，もう1つは，lovely は〈女性〉か〈子ども〉を表す語とは結合してよいが，そうでないとだめ，というふうに記述するやり方である。前者は〈コロケーション〉の許容範囲 (collocability) に言及しての記述，後者は意味特徴を明示することによって〈選択制限〉を記述するやり方である（図2—12）。

　語の使用の上でこのような制約は，形容詞と名詞の間だけでなく，他のいろいろな場合にも見られる。たとえば，動詞と名詞（〈(動物が)ほえる〉の意味での bark という動詞が主語としてとりうる名詞は〈犬〉や

```
lovely  │  N  │
  (i)  N = lady, girl, baby, ……
  (ii) N =〈女性〉／〈幼児〉
```

図2—12　「コロケーション」(i) と「選択制限」(ii) による記述

〈狐〉といった類の動物を表すものである），前置詞と名詞（during という前置詞が目的語としてとりうる名詞は，〈期間〉あるいは，〈期間〉という解釈を許容するような意味を表す名詞に限る）などは，英語の学習の上でもとくに重要な場合である。

　それから，どのような語を相手として結合するかという点では，語によってその範囲はさまざまであるということがある。たとえば，neigh〈いななく〉という動詞の主語となるのはもっぱら〈馬〉を表す名詞であるから，これは結合の範囲が狭く限定されている場合と言える。（日本語でも，かつて用いられた「行幸」という語は天皇についてしか用いられない語であった。）これに対して，同じ動詞でも be のようなものになると，ほとんどのような名詞でも主語にとれそうに見える。（日本語では，「ある」と「いる」の間で使い分けのあることに注意。）これは結合の許容範囲が広い場合である。多くの語はこれらの中間にあって，さまざまな範囲での制約を課しているわけである。

　さらに，同じように結合できても，ごく自然で典型的な用法と感じられる場合から，派生的で特別な用法と感じられる場合に至るまで，さまざまな段階がありうるということにも注意しておかなくてはならない。たとえば，a tall person と a tall pyramid，the girl sings と the bird sings とでは，それぞれ前者の結合のほうがより基本的という印象を受けるであろう。〈コロケーション〉や〈選択制限〉と呼ばれる現象は言語使用上の一応の制約ではあるが，どこまでならばよいという明確な線の引けるような性質のものではない。実は，この柔軟さがことばの創造的な使い方では重要な役割を果たすことになるのである。

第3章 文法と意味

1. 文法と語法

　外国語を学習するとき，私たちは必ずといってよいくらい〈文法〉というものを教わる。この場合の〈文法〉というのは，おおまかに言って，その言語で〈文〉を作るときにどういう語句をどういう順序で配列するかといったことにかかわる規則とでもいったものである。

　単純な考え方だと，〈文法〉を身につけてしまえば，あとは〈辞書〉から必要とする意味の語句を選んで，それらを〈文法〉の規則に従って配列すれば，完全な〈文〉ができるわけだから，それで完璧であると言われる。このような考え方では，ことばの〈意味〉はもっぱら〈辞書〉が担当していて，〈文法〉は〈辞書〉に登録されている語句をどう配列するかという枠組みを教えてくれる——両者を組み合わせれば，コミュニケーションの場でも十分通用する表現ができるはずということになる。

　残念なことに，実際には，ことばはその仕組みにおいても，その働きにおいても，そう単純ではないのである。そのことは，辞書から選んだ語句を文法の規則に従って正しく配列してみても，現実のコミュニケーションの場面で正当に通用する文になるとは限らないということからもうかがえる。

　たとえば，よく知られた「桃太郎」の童話の初めの部分で，大

きな桃が1つ，川を流れてくるという個所がある。このような状況を念頭に置いて，「桃がひとつ川を流れる」という日本語の文に相当するようなことを英語で言ってみようと思ったとする。そして「桃」に対してはpeach，「川」に対してはriver，「流れる」に対してはflowといったふうに辞書から語を選んで，それらを英語の文法の規則に従って配列して，"A large peach flowed down the river." という文を作ったとする。この文は一見何も問題がないように見えるかもしれないが，それは日本語の感覚で見ているからで，英語としてはどうしようもないほど奇妙な文なのである。

その理由は，第2章で取りあげた〈選択制限〉が守られていないからである。日本語の「流れる」という動詞は，主語となるものとして〈固体〉，〈液体〉，〈気体〉（桃／水／霧が流れる），何でも許容する。しかし，英語のflowが主語として許容するのは〈流体〉——つまり，〈液体〉か〈気体〉(the flow of water/the air) だけで，〈固体〉はだめなのである。したがって，"A peach flows." のような文は，理解に苦しむ表現ということになってしまう。ちなみに，「桃太郎」の話に出てくるような状況を英語で言うとしたら，"A large peach came floating down the river." とでも言うことなる。

第2章で見たとおり，〈選択制限〉は1つ1つの語にかかわることで，〈文法〉よりはもっときめの細かい〈語法〉の問題である。〈語法〉は語の正当な使い方に関する決まりであって，まともに〈意味〉のかかわってくる事項である。正当な〈文〉として容認されるためには，〈文法〉の決まりが満たされているというだけでは不十分で，このような〈意味〉のかかわる側面によって補完されていなければならないのである。

2．動態的か状態的か——動詞の意味が構文を決める

〈文法〉が〈意味〉とかかわるのは，前節で述べたように，前者が後者によって補完されなくてはならないといった関連においてだけではない。それよりももっと重要なことは，実は〈文法〉そのものの中に〈意味〉の問題が深く入り込み，絡み合っているということである。次の(1)から(4)までの文を比較してみよう。

(1)　John struck Bill.
(2)　John loved Mary.
(3)　John crossed the street.
(4)　John had blue eyes.

いずれも文法でいうSVO構文で，主語（S）と目的語（O），および，その両者を結びつけている動詞（V）とで成り立っている。このように4つの文は表層的には同じ文法構造をしており，したがって，どの文も文法的には同じ振舞いをするのではないかと思わせる。ところが，実際にはその点で非常にまちまちなのである。今，それぞれの文について，進行形にすることが可能か，受動態にすることが可能かという2つの点に関して調べてみることにしよう。

まず，(1)は進行形（John was striking Bill.）にするのも，受動態（Bill was struck by John.）にするのも問題ない。(2)は学校文法でもよく教えられるとおり，進行形（*John was loving Mary.）には通常の意味ではできないが，受動態（Mary was loved by John.）は問題ない。(3)は進行形（John was crossing the street.）は問題ないが，受動態（?The street was crossed by John.）は特別な事情が想定されない限り，自然な表現とは受けとられない。(4)については，通常の状況では，進行形（*John was having blue eyes.) にすることも，受動態 (*Blue eyes were had by John.) にすることも適わない。4つの文は同じように他動詞構文でありながら，全部違った振舞い方をするわけである（図3－1）。(例文頭の*マークは明らかに不自然な表現であることを，?マークは完全に正しいとも完全に間違っているとも判断し難い表現であることを示す。)

		進行形	受動態
(1)	strike	○	○
(2)	love	×	○
(3)	cross	○	×
(4)	have	×	×

図3－1　文法的性質の違う他動詞

　同じ文法構造でありながら，文法的には違った振舞い方をする——その違いを生じさせている要因は何か，ということになると，ここでもやはり，意味の問題が絡んでいるのである。4つの他動詞の中でも，もっとも対照的に違う振舞い方を示しているのは，(1)の strike と(4)の have である。この2つを比べてみると，文法的には同じ他動詞として，どちらも主語の名詞句と目的語の名詞句を結びつけてはいるものの，2つの名詞句をどのような意味関係で結びつけているかという点では，ずいぶん違っていることがわかる。strike という動詞の表している出来事は，典型的に〈行為〉と呼べる出来事である。(1)の文に即して言えば，〈なぐる〉という行為が主語として表されている John に発して，目的語として表されている Bill に至るという動的な関係の構図が読みとれる。一方，(4)の have という動詞が主語の John と目的語の blue eyes の間に想定している意味関係は，そのような動的なものではない。ジョンについて，その眼が青色であるという〈状態〉を述べているだけであって，ジョンが青い眼に対して何かをしかけるというような関係では全然ないわけである。

　学問的なレベルでは，同じように文法的には他動詞でありながら，そこに見られるこのような意味的な違いを，ふつう2つの側面から捉えようとする。1つは，問題となる他動詞の意味に関し

て，〈動態的〉（dynamic）であるか，〈状態的〉（stative）であるか，という区別である。この区別で言うと，例文(1)から(4)の動詞の中で strike と cross は〈動態的〉，love と have は〈状態的〉という特徴づけになる。すぐに見てとれるように，進行形にされうるという文法的な振舞いを示すのは，〈動態的〉という意味的な特徴をもつ動詞だけである。もう1つは，主語であるものから目的語であるものに対して言及される働きかけが，どの程度働きかけられるほうのものに影響を与えるかという側面である。これは〈他動性〉（transitivity）という術語で表され，他動性が高いとか他動性が低いとかいった言い方をする。strike は典型的に他動性の高い動詞であるし，love も（もっぱら心理的なレベルでの影響ということになるが）他動性は高い。一方，cross は他動性は低いし，have となると，他動性はまったくないと言ってもよいくらいになる。この〈他動性〉という意味的な要因が受動態にできるかどうかという文法的な振舞い方の違いにかかわっていると考えるのである。たとえば，このような形で，〈文法〉の問題にも〈意味〉の問題が深くかかわっているわけである。

3．構文と意味の関係

書き換えの落とし穴

〈文法〉と〈意味〉のかかわりの問題との関連では，さらにもう1つ，ぜひつけ加えておかなくてはならない重要な点がある。それは，〈文法構造〉そのものが〈意味〉を担っているという認識である。つまり，文法構造というものは，表現する事態をどのように捉えるかということとの関連で話し手によって選択される表現の形式であり，したがって，同じ事態について述べていても，〈文法構造〉の違う表現であれば，それは違った事態の把握の仕

方を反映しており，その限りにおいて〈意味〉が違うと考えるのである。

これは一見自明のことと思えるかもしれないが，実はそれがしばしば見落とされてしまうということがあるのである。誰しも経験したことであろうが，英語を習い始めると，ある段階で，よく「書き換え」の練習というのをやらされる。たとえば，〈能動態〉を〈受動態〉に書き直したり，あるいは，その逆をするといった練習である。

(5) a) John struck Bill.
　　b) Bill was struck by John.

このような書き換えは，英語の文に許される基本的な文法構造（つまり，構文）を身につけるという目的でなされるものであるし，その限りでは，英語学習上，有益な練習である。問題は，この種の書き換えの課題がまったく形式的，機械的な操作として与えられるために，学習者は書き換えで対応する2つの文は表現の〈形式〉が違うだけで，〈意味〉は同じであると思い込んでしまいがちであるということである。すでに語句のレベルの〈意味〉を考えた際に取りあげたことであるが，〈意味〉が同じであるということは，使われ方が同じであるということ——つまり，一方が使える場合には他方も使えるし，その逆も真であるということ——である。しかし，現実のコミュニケーションの場で用いられる場合として考えてみると，書き換えで対応する2つの表現は，決してすべての場合に相互に置き換えて使えるとは限らない——したがって，〈意味〉が違っている——ということになるのである。

たとえば，(5)のa)とb)について考えてみよう。a)もb)も，それだけで取りあげれば十分に〈文法〉に適った言い方である。しかし，現実のコミュニケーションの場でのやりとりとして，次

の(6)と(7)を比較してみよう。

(6) A : "Who did John strike?"
    B : "John struck Bill."
(7) A : "Who did John strike?"
    B : "Bill was struck by John."

質問とそれに対する答えということで考えてみると，(6)のやりとりは自然だが，(7)のほうは不自然で，何かちぐはぐという感じがするであろう。同一の質問に答えるという意味でコンテクストは同じである。しかし，(5a)の能動態のほうは答え方として自然であるが，(5b)の受動態のほうは不自然というふうに差が出てしまう。置き換えができないのであるから，能動態の文と受動態の文は同じ意味とは言えないということになる。

　ここで起こっていることは，実は，すでに語句のレベルで〈同義性〉ということとの関連で見た状況と平行していることがわかる。たとえば2章でも述べたように，「明けの明星」と「宵の明星」は，どちらも同じ〈金星〉という対象を指して用いられる表現であるが，〈意味〉は同じとは言えない。同じ〈金星〉のことであるが，2つの表現は同じ対象を違った様相で捉えており，相互に自由に交換するわけにはいかない。同じように，"John struck Bill."と"Bill was struck by John."は，〈ジョンがビルをなぐった〉という同一の出来事を指して用いられる表現であるが，問題の出来事をジョンを参照点として〈ジョンが～した〉という形で捉える

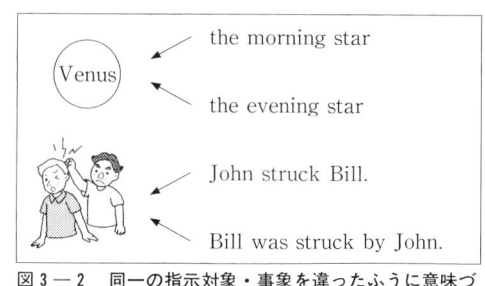

図3-2　同一の指示対象・事象を違ったふうに意味づける

か，ビルを参照点として〈ビルが〜された〉という形で捉えるかという点で違っており，〈意味〉が同じであるとは言えない。一方がふさわしく用いられるのに，他方は適当でないといったことが起こってくるのも，そのような〈意味〉の違いがあるからである。言及されている内容が一方では〈金星〉のような〈モノ〉であり，他方では〈ジョンがビルをなぐった〉というような〈コト〉であるという違いがあるだけで，ことの本質には変わりのないことが理解されよう（図3－2）。ことばの話し手は，違った表現を選ぶことによって，同じ物事でもそれを違ったふうに捉え，違ったふうに意味づけすることができるわけである。

表現の形式が違えば意味も違う

　語句のレベルで〈同義性〉を論じた際に，〈絶対的な同義性〉というようなことはありえないだろうと述べた。違った語句であれば，それらは何らかの点で〈意味〉が違っているはずで，また，そうでなければ，違った語句としての存在理由はないわけである。同じことは，文法構造についてもあてはまる。違った文法構造は，話し手の違った捉え方，表現内容の違った意味づけの仕方を表している。これは，一般化すると，「形式が違えば，意味も違う」(different forms, different meanings) と言われる認識である。書き換えをしても〈意味〉が変わらないなどということはないのである。書き換えをすれば，表現の形式が変わる。それに伴って意味も変わるわけであって，それでも意味がまったく同じに保たれたままというようなことはないわけである。

　文法構造の場合，この点がいくらか見えにくいかもしれない。しかし，少し極端な場合で考えてみれば，事態は明白である。今，1篇の詩の作品があって，それをわかりやすいことば遣いでパラフレイズしたとしよう。パラフレイズはもちろん，もとの詩の内

容をできる限り損わないようになされる。しかし，それでもできあがったパラフレイズには，もとの詩に見出されるような文学的な価値はなくなってしまっている。なぜなくなったのか。表現の形式が変わってしまったためである。表現の形式の変更が表現される意味内容の変更を生み，それが文学的な価値の変化にも連なっていったわけである。

　話を〈文法構造〉と〈意味〉の問題に戻すと，もし違った文法構造が話し手の異なる事態把握の仕方を反映し，したがって，それぞれの担う意味合いが違っているとすると，学校文法的な書き換え練習は，それが意味抜きの単なる機械的な操作として行われる限りは，私たちの眼をこまやかな意味の問題からそらせてしまう危険を孕んでいるということは，十分明らかであろう。そこで以下では，とくに書き換えの練習の対象としてよく取りあげられるような文法構造のいくつかを例として，実はそのような場合にも微妙な意味の差が絡んでくるということを具体的に考えてみようと思う。

4．経験の直接性——構文の違いを生む要素(1)

3つの構文と意味の違い

　まず，次に(8)として挙げた3つの文について考えてみよう。

(8)　a) I believe John honest.
　　　b) I believe John to be honest.
　　　c) I believe that John is honest.

3つの文は，どれも文法的に可能な文として相互に書き換えが許されるし，それにまたどの文も〈ジョンが正直である〉ということ，そしてそのことを〈私が信じている〉ということを述べている点でも共通である。〈意味〉が違うとすれば，どのようなこと

なのであろうか。

　従来，〈意味〉は同じという暗黙の了解ですまされてきたことからも想像できるとおり，このような場合の〈意味〉の違いは，もしあるとしても，たいへん微妙なものであるに違いないし，また現にそうなのである。

　意味の差がいちばん大きく現れてくる a) と c) を比べてみることから始めるのがよいであろう。すでに触れたとおり，どちらの文もジョンが正直な人物であることについての話し手の信念の表明であるという点では同じである。その上で，違っているのは，〈ジョンの正直さを私が信じる〉ということの裏づけとして，どれくらい私の直接的な体験があるかという点である。具体的には，たとえば次のような場合を考えてみればよい。1つは，私が彼の正直な振舞いに実際に接したという経験があったとしよう。このようなあとで，彼は正直ではないと疑っているような人が出てきて，それに対して自分の信じているところを主張するという場合である。もう1つは，私自身には彼が正直であると信じるに足る振舞いをするのを直接経験したことはないが，いろいろな人が彼について報告することなどから判断するに，彼は十分に正直であると言えると思う場合もある。

　同じように彼の正直さについての信念を表明するにせよ，前者の場合は自らの直接的体験に基づいているし，後者の場合の判断の基準は他人の報告という間接的な証拠によっている。英語の表現としては，前者のような場合にはa) の言い方が，後者の場合にはc) の言い方が出てくるのである。2つの場合は使われる状況が厳密に言って違う。したがって，〈意味〉が違うというわけである。b) は，この直接的体験に基づくという程度がa) とc) の中間くらいという場合の表現である。

強い主張と弱い主張

　経験の直接性ということは決して捉えやすいことには思えないし，現にそのとおりである。またそのように微妙なものであるからこそ，従来〈意味〉の違いとしては問題にされなかったのであろう。しかし，違いがあることはたしかなようであるし，しかもその違い方は表現の上で同様の構文上の区別ができるものの間では首尾一貫して現れてくるのである。

　経験の直接性ということがもっともまともに関係していることがよくわかる例として，次のものを比較してみよう。

　⑼　a) I find the chair comfortable.
　　　b) I find the chair to be comfortable.
　　　c) I find that the chair is comfortable.

⑼の a)，b)，c) は表現の形式としては(8)の a)，b)，c) と平行したものである。どの文も椅子の座り心地のよさについて述べているわけであるが，先ほどの (8a) の場合と同じように，(9a) はもっとも直接的な体験に基づいて座り心地がよいと言っているという印象を与える表現——たとえば，今まさに椅子に座ってその座り心地を試しているという状況で発した表現——という感じがする。それに対して，(9c) は，判断の根拠がもっとも間接的であるような場合，たとえば座り心地のよさを測定する何らかのテストを椅子に施してみて，その結果の数値を見ながら座り心地のよいものと判定しているといったような感じである。(9b) のような言い方は，この場合も中間的な位置を占める。

　同じ違いは，feel という動詞の2つの違った使い方にも現れる。(10a) は，彼女の身体に直接手か何かで触れて彼女の身体の震えを感じているという印象を与えるし，(10c) のほうはたとえば震えが床を伝わって感じられるというような場合でよいわけである。

(10) a) I felt her trembling.
　　 c) I felt that she was trembling.

(9)や(10)の例は直接的な体験ということが文字どおりに妥当するわかりやすい場合と言えようが、コンテクストによって直接的な体験と言っているものも微妙にニュアンスが変わる。たとえば直接的な経験に基づく場合というのは、当事者がもっとも確信をもって主張できるということと結びつく。そのため、最初に取りあげた(8)のような場合、a) 型の構文の場合のほうが c) 型の場合よりも、話し手がより強い主張をしているという印象を与える。この意味合いは、信念を表す動詞が依頼や要求を表す動詞に代わると、a) 型の構文では〈主語〉に立つものが、述べられている事態の実現に向けて自ら強く介入するという意味合いが結びつく。たとえば、次の(11)を参照。

(11) a) She asked him to leave.
　　 c) She asked that he leave.

どちらも彼女が彼に立ち去るよう求めたということであるが、a) のほうが彼女がそれをより強い形で行ったという意味合いをもつ。a) は典型的には彼女が彼に面と向かって自らそれを直接求めたという感じである。一方、c) は彼女がたとえば誰か第三者を介して自らの意志を伝えるというように間接的に要請を行ったという場合をも許容する。関与の仕方が強いということも、結局は関与の仕方の直接性ということから出てきているわけである。

　同様の構文と意味の差が次に挙げる tell という動詞の場合は、動詞自体の意味の変化ということとも結びついていて興味深い。

(12) a) She told him to leave.
　　 c) She told him that he should leave.

(12)は(11)と平行するが、(12)では弱い介入という意味と結びつく c) のほうの tell は〈告げる〉、〈伝える〉という意味でよいが、強い

介入という意味と結びつく a) のほうの tell は〈命令する〉という意味になっている。

遂行動詞と感覚動詞

　もっとも強い形での介入ということになれば，それは〈主語〉に立つものが，ある事態を自らの責任なり力で引き起こすということであろう。このような場合には，a) の型の表現がきわめてふさわしいわけである。その典型と言ってよいのが，いわゆる〈遂行動詞〉としての用法の場合である。次の例を参照。

　⒀　a) I declare him innocent.
　　　c) I declare that he is innocent.

(13a) は，〈遂行動詞〉としての用法の場合である。〈遂行動詞〉(performative verb) というのは，その動詞を〈発話〉（つまり，口にすること）がとりも直さず，その動詞の表す〈行為〉をしていることになるという用法の動詞である。たとえば "I promise you." という表現は，それを〈発話〉することがとりも直さず約束という〈行為〉をしているということになる。(13a) は，裁判官か，それに準ずるような立場にある人が判決を下しているという印象を与える表現である。そのような人ならば，この場合の〈彼が無罪である〉という事態をそう宣言することによって作り出すことができるわけである。その事態への関与ということで言えば，これはもっとも直接的な関与の仕方であり，このような場合は a) の型での表現しか考えられない。一方 (13c) のほうはと言えば，これはただ〈彼が無実である〉と宣言するというだけのことで，中立的な調子の発言であって，話者が自らの積極的な介入で事態を生み出すといった強い意味合いとは必ずしも結びつくものではない。

　もう1つ，念のために従来学校文法の枠でよく取りあげられて

きた問題と関連させて考察しておこう。

(14) a) I heard her scream.
　　 c) I heard that she screamed.

(14a)は hear の〈感覚動詞〉（日本の学校文法ではふつう〈知覚動詞〉と呼ばれているもの）としての用例で，文字どおりの〈聞く〉という意味の場合である。感覚としての〈聞く〉ということは自分に〈聞こえている〉ということであるから，これ以上ないくらい自分に直接かかわっている事態である。これに対し，(14c) の hear は〈噂として（人づてに）聞く〉ということであるから，自分が直接問題の事態の場にいるのではなく，事態との関係は間接的である。動詞 see の2つの使い方もまったく同じように説明できる。

(15) a) I saw him dead.
　　 c) I saw that he was dead.

(15a) は彼の死んだ姿を目撃したという意味合いであるし，一方 (15c) は，たとえば彼が死んでいるのか生きているのかよくわからなかったのが，死んでいることが納得できたというような場合である。(15c) の see はもはや〈感覚動詞〉ではなく，〈了解する〉という意味で〈認知動詞〉に近くなってしまっている。

「表現の形式」と「表現内容」の平行性

このような意味の差はたいへん微妙で捉えにくいようなものに思えるかもしれない。しかし，大切なことは，このような場合すべてを通して，それぞれの構文の〈形式〉とそのそれぞれと結びついている〈意味〉との間には密接な対応が認められるということである。最初に挙げた(8)の例で考えてみよう。

(8) a) I believe John honest.

c) I believe that John is honest.

構文の〈形式〉の上での重要な違いは、評価の対象となっている人物としてのジョンは、a）では〈目的格〉で、c）では〈主格〉で表示されているということである。〈目的格〉であるということは、ジョンが信じるという行為の向けられた対象として私の支配下に入っているという形で捉えられることを意味する。これに対し、c）ではジョンは〈主格〉として表示され、〈ジョンは正直である〉という形が1つのまとまりを作っていて、a）のようにジョンだけが取り出されて直接私の信じるという行為の対象とされているわけではない。c）では、私の信じるという行為を通じてのジョンとのかかわり方はずっと間接的になっている。つまり、〈意味〉の上での私とジョンのかかわり方と構文の〈形式〉の上での私とジョンを表す語のかかわり方とが平行しているのである。

(8)について述べたことは、他の例についてもあてはまる。関与が直接的であるという意味合いでは動詞が〈目的格〉をとる構文が選ばれ、一方関与が間接的であるという意味合いでは動詞が〈that 節〉をとる構文が選ばれ、したがって前者で〈目的格〉となっているものが後者では〈主格〉として表される。このように、意味の差が表現の形式の差と平行するということも、実は認められる意味の差が単なる偶然でなく、十分いわれのあるものであることを示しているのである。

5．「行為の過程」と「行為の目標達成」
―― 構文の違いを生む要素(2)

間接目的語のニュアンス

今度は、〈動詞〉+〈間接目的語〉+〈直接目的語〉という構文と〈動詞〉+〈直接目的語〉+〈to-前置詞句〉という構文を取りあげてみよう。この2つの構文も、学校文法で長らく書き換えの関係にあ

るものとして扱われてきたし，学問的なレベルでも一時そのように扱われたこともあった。たとえば，次のような2つの文の場合である。

(16) a) John showed Mary a photo.
　　b) John showed a photo to Mary.

この2つの文の〈意味〉が異なると言われるのはかなりショックかもしれないが，たしかに異なりうるのである。「異なりうる」という言い方をしたのは，コンテクスト的なさまざまの要因によって，本来現れるはずの意味的な差が出てこないということもあるからである。たとえば，〈間接目的語〉が関係代名詞節などのついた非常に長い名詞句の場合だと事実上 b) 型の表現しかできないわけであるから，2通りの言い方で意味的な区別をすること自体が不可能になってしまう。たとえば "I showed a picture to the man who sat next to me on the train." と言うのは自然であるが，これに対応する a) 型の表現，つまり "I showed the man who sat next to me on the train a picture." は音調などの上での特別な配慮がないと，聞き手にとっては自然な理解が妨げられる。

そのことを前提とした上で (16) の a) と b) の意味の違いは，具体的にはたとえば次のような形で出てくる。今，ジョンとメアリが同じ部屋で少し離れてそれぞれ別のことをしているとする。ジョンがしているのは写真の整理である。そのうちにジョンが1枚興味のありそうな写真を見つけて，メアリにこれを見てごらんというようなつもりで差し出す。その際，1つの可能性は，別の仕事をしていたメアリがそれに気づいて振り向き，差し出された写真を見るということである。しかし，もう1つの可能性として，メアリは自分のほうの仕事に夢中になっているとか，あるいはもしかしたらジョンの知らないうちに居眠りを始めていて，写真を差し出されているのに気づかないということもある。この2つの

可能な場合に関して，a)の表現は前者に，b)の表現は後者に，それぞれ用いられる傾向があるというのである。

　言い換えれば，あるものを〈示す〉(show) という行為に対して，そのものを〈見る〉(see) という反応が出るかどうかということに関して，出る場合には〈間接目的語〉+〈直接目的語〉型の表現，出ない場合には〈直接目的語〉+〈to-前置詞句〉の表現が対応する傾向があるということである。したがって，たとえば"John showed a picture to Mary, but she didn't see it because she was sleeping." と言うのはよいが，この前半の部分を "John showed Mary a picture, but...." とすると抵抗が感じられるということになる。メアリを〈間接目的語〉として表すほうの言い方では，メアリがそれを見たという意味合いが含まれるので，but以下で述べている見なかったということと首尾一貫しなくなってしまうからである。

行為の相手がどう反応するか

　メアリが〈間接目的語〉として表されているとメアリが見たということになり，〈to-前置詞句〉として表されているとメアリが見たかどうかはわからないということになるというのも一見不思議に思えるかもしれない。しかし，なぜそのような意味の差が出るのか，一見不思議に思えるかもしれないが，実は十分に，説明のつく事柄なのである。われわれは，〈間接目的語〉になることができるのは原則として〈人間〉を表す名詞であるということを知っている。(give the door a kick などというように〈人間〉以外のものを表す名詞が〈間接目的語〉になるのは，例外的な場合である。) これに対し，〈前置詞句〉，つまり，〈前置詞〉+〈名詞句〉という形の構造では，〈名詞句〉のところに立つ典型的なものは，むしろ〈人間〉以外の〈無生のもの〉を表す名詞である。(〈前置詞

句〉の基本的な働きは，存在の〈場所〉や移動の〈方向〉を示すことであることを考えれば，これは当然理解できることである。)

　自分に対して〈示す〉という行為がしかけられた場合，それに対する典型的に〈人間〉らしい反応はと言えば，もちろんその示されたものを〈見る〉ということである。したがって，〈間接目的語〉の構文には〈示されたものを見る〉という意味合いが結びつくのが自然である。これに対し，〈示す〉という行為の相手が〈無生〉のものであれば，示されたものを見るという反応を期待する理由はない。〈to-前置詞句〉は，〈示す〉という行為の向けられた〈方向〉が何であるかを表すにとどまる。このように考えてくれば，a) 型と b) 型の構文で先に述べたような形で意味の違いが生じるのは偶然ではなく，十分に理由のあることと言えるわけである。

　show の場合と同じような意味の差が生じると言われる別な例として，もう1つ teach を取りあげてみよう。〈教える〉という行為がなされた場合，それに対する〈人間〉らしい反応は何かと言えば，もちろん〈習得する〉ということである。したがって，上の説明からも十分予想されるとおり，〈間接目的語〉を含む a) 型の構文には，そのような意味合いが含まれる傾向がある。これに対し，〈to-前置詞句〉の場合は〈教える〉という行為が向けられた〈方向〉が表されているだけのことになり，したがって〈習得する〉という意味合いとは結びつく必要はないということになる。次の例で，典型的には，a) ではメアリが英語を習得したことが暗に含まれており，一方，b) はそのような意味合いからは中立であるとのことである。

(17)　a)　John taught Mary English.
　　　b)　John taught English to Mary.

したがって，この文のあとを but she didn't master it at all とい

うように続けるとするならば，b) のほうには自然に続くが，a) のほうに続けるのは抵抗があるということになるわけである。

特別扱いされる〈人間〉

　本節でこれまで取りあげてきた例からもわかるとおり，言語では〈人間〉を表す項が何か特別の扱いを受けるということがよくある。それが絡んでくる場合をもう1つ検討してみよう。

(18)　a) I struck Bill on the head.
　　　b) I struck Bill's head.

どちらも〈私がビルの頭をなぐった〉という出来事を述べている表現であるが，わが国の英語教育では（たぶん日本語の同じ場合の表現の形式と平行しないという理由から）a) のほうを強調して教える傾向がある。そのためか b) のような言い方は間違っていて，してはならない表現であると思い込んでいる生徒もあるくらいである。もちろん，a), b) いずれも英語として可能な表現である。

　a) と b) の両方の言い方が可能であるとして，両者は意味の上でどのような差があるのであろうか。実は，今度の場合も〈意味〉の差は表現の〈形式〉と密接な関係をもっている。(18)はジョンがビルの頭という個所をなぐったということを言っているのであるから，論理的には Bill's head を目的語とする (18b) の表現で十分なわけである。ところが同じことを (18a) のほうは Bill を目的語として表している。なぐるという行為は実際にはビルの頭の部分に対してなされたものであるが，この行為によってビルという1人の人間として影響を受けたというのが (18a) の暗示している意味合いである。実際になぐられた個所のほうは，文字どおり個所として〈前置詞句〉の形で表現されている。つまり，b) 型の表現は〈行為〉がどこに向けてなされたかという関連で

捉えているというニュアンスであるが，a) 型の表現はその行為がそれを受けた人に（たとえば心理的な形で）人格的な〈影響〉を与えたというニュアンスを含むのである。

　このことを念頭に置いて，次の2つの表現を比較してみるとおもしろい。

(19) a) John kissed the Queen by the hand.

　　 b) John kissed the Queen's hand.

女王の手に口づけをするというのは，通常は儀礼的な——したがって，形式的な——行為である。それによって女王が動揺するような熱烈な想いを込めたものであってはならない。当然，そのような状況を言うのにふさわしい表現形式はb) のほうである。(19a) のような表現は，ジョンと女王の間で密かな愛情が抱かれているのではないかと想像させる——ある英語の話し手はこのように語ってくれた。

　ある特定の一部の個所に対してなされた行為の影響がその対象全体に及ぶということ——人間の身体であれば，こういうことが典型的に起こるであろうが，もし対象が単なる〈モノ〉であったら，必ずしもそういうふうにはいかない。したがって，次の(20)のように，〈無生のもの〉にはa) 型の構文は使いにくい。

(20) a) *The missile hit the mountain on the head.

　　 b) The missile hit the head of the mountain.

それからまた，特定の一部分への影響がそのもの全体に対する影響ということに容易になりうるという点では，人間の身体に勝るものはない。身体の一部ではなくて，たとえば，人の持ち物に対して向けてなされた行為ということであれば，影響は必ずしも持ち主である人の身体全体に及ぶということにはならないであろう。そのため，(21)のような場合でも，a) 型の表現は不自然と感じられる。

(21) a) *John hit Bill on the bag.
　　 b) John hit Bill's bag.

このような場合，学問的なレベルでの議論でよく使われる用語は〈不可分の所有(物)〉(inalienable possession) と〈可分の所有(物)〉である。〈不可分〉とか〈可分〉というのは，ここでは〈身体から切り離せるか，切り離せないか〉ということを意味している。人間の頭は身体の一部として意味のあるものであり，したがってここで言う〈不可分〉なものの場合である。それに対し，たまたまもたれている鞄は，もっている人間から離すと存在の意味がなくなるというようなものではない。学校文法で教える a) 型の文例（seize him by the arm, pat him on the shoulder, など）は，すべてこの〈不可分の所有（物）〉に関するものという条件を満たしているわけである。

6．影響は部分的か全体的か──構文の違いを生む要素(3)

対象への働きかけと働きかけられた対象の変化

ある対象に向かって，あるもので働きかけるといった意味で，2通りの構文を許す一連の動詞が英語にある。たとえば，次のような場合である。

(22) a) John sprayed paint on the wall.
　　 b) John sprayed the wall with paint.

どちらも，ジョンが壁に塗料を吹きつけた，といった状況を言っているのであるから，一見同義のように思えるし，また，そのために書き換えの問題としてもよく取りあげられる。それから，日本語に訳す場合を考えてみると，a) 型の表現はそのまま同じ構文で日本語に訳せるが，b) 型のほうはそうはいかない（cf.「ジョンハ塗料ヲ壁ニ吹キツケタ」〜「*ジョンハ壁ヲ塗料デ吹キツケ

タ」)。そのようなこともあって，比較的よく取りあげられるのではないかと思われる。

ところで，(22a) と (22b) は，同義と言ってよいのであろうか。現在では，このような 2 つの型の構文の間には一定の形で意味のずれがあるというのが常識である。どのようにずれるかというと，たとえば (22b) のほうでは壁の全体が塗料で覆われたという意味合いで受けとられ，それに対して (22a) のほうは，塗料で覆われたのは壁の一部だけであってよい，というのである。行為をしかけられた対象の蒙る影響が a) 型の構文では部分的，b) 型の構文では全体的，という読みになるという。

同じような 2 通りの構文のとれる他の動詞についても，同様の意味の差が認められる。

(23) a) John spread butter on a piece of bread.
    b) John spread a piece of bread with butter.
(24) a) John littered garbage around the place.
    b) John littered the place with garbage.
(25) a) John loaded coal into the cart.
    b) John loaded the cart with coal.

いずれも，b) 型の文では〈一面に〉，〈いっぱいに〉といった感じで行為の影響が全体に及んだという意味合いになり，a) 型の文では部分だけの影響ということでもよいのである。

すぐ気がつくとおり，この場合も a) 型と b) 型の間の意味の差は，両者の構文の形式の差に対応している。b) 型の構文では，行為のしかけられる対象は，行為を表す動詞に直接支配される目的語として表されているが，a) 型の表現では，行為の対象は前置詞句の中に入っていて，動詞によって直接支配されるという関係ではない。この文法上の関係が直接的であるか，そうでないかが，意味の上でしかけられた行為の影響が全体にわたるのか，部

分にとどまるということでもよいのか，という差と対応しているわけである。直接目的語に擬せられた対象のほうが，受ける影響が徹底した完全なものという意味合いと結びつけられるというのは，ごく自然なことと思えよう。

　ここで見られる意味の差は，次のような自動詞構文の2つの型の間に認められる意味の差と平行するものである。

　(26)　a) Bees were swarming in the garden.
　　　 b) The garden was swarming with bees.

どちらも庭で群がって飛ぶ蜂のことについて言っているのであるが，後者は庭全体が群がって飛ぶ蜂でいっぱいであるといった状況を想像させるのに対し，前者では群がって飛ぶ蜂は庭のどこか一部にいるだけでもよいのである。

give 構文と provide 構文

　少し考えればわかるとおり，(22)から(25)の他動詞構文におけるa) 型と b) 型は，それぞれ give と provide という動詞に特徴的な構文に対応している。(22)の spray という動詞を例にして言うと，次のように考えればよい。

　(27)　a) John sprayed paint on the wall.（＝John GAVE paint TO the wall.）
　　　 b) John sprayed the wall with paint.（＝John PROVIDED the wall WITH paint.）

つまり，a) 型の構文は give タイプの構文，b) 型の構文は provide タイプの構文ということになる。

　ところで，give と provide とはもともとどのように意味が違うのであろうか。〈ジョンがビルにいくらかの食物を提供した〉という出来事を give と provide を使って表すとすると，次のような表現がえられる。

(28) a) John gave some food to Bill.

b) John provided Bill with some food.

両者の意味合いの違いを知るには，give に伴う to, provide に伴う with という前置詞の違いに注目するとよい。give の構文の基底にあるのは，"Some food WENT TO Bill." という構図であって，こういう事態を伴った〈行為〉としての授与に焦点がある。一方，provide の構文の基底にあるのは "Bill WAS WITH some food." という構図であって，こういう状態に至ったという授与の〈結果〉のほうに焦点がある。

present という動詞は，この2つの構文ができる。

(29) a) John presented a bunch of flowers to Mary.

b) John presented Mary with a bunch of flowers.

どちらもジョンからメアリへの花束の贈呈について言っているが，意味合いの違いは(28)の場合と同様である。a) 型は贈ったという〈行為〉自体のほうに，b) 型はメアリが花束を有するという〈結果〉になったということのほうに，それぞれ重点があるわけである。(28)と(29)に見られる意味の差は，先に(22)から(25)にかけて見た意味の差と無関係でないことはすぐ読みとれよう。意味の重点が〈行為〉そのものにあれば，〈結果〉がどうかが二の次になるのは自然であるし，〈結果〉のほうに重点がある場合が全体的な影響という場合に対応するのも不自然ではない。

〈授与〉の反対は〈剥奪〉ということになろうが，〈授与〉を表す動詞について見られる2つの型の構文とそれぞれの間の意味合いの違いに対応して，同じような状況が〈剥奪〉を表す動詞についても認められることがある。たとえば，次の2つの文で，b) のほうは通路から雪がすべて除去されたという意味合いであるが，a) のほうは必ずしも完全な除去とは限らない。

(30) a) John cleared snow from the path.

b) John cleared the path of snow.

代表的な動詞で言うならば，a) のほうは take に見られる構文 (John TOOK snow FROM the path.)，b) のほうは deprive に見られる構文 (John DEPRIVED the path OF snow.) である。前者では基底に "Snow WENT (AWAY) FROM the path." があって，それを引き起こすような〈行為〉に，後者では基底に "Snow IS OFF the path." があって，行為の〈結果〉としての状態に，それぞれ焦点が合わされていると考えることができる。

7．話題は既出か新出か——構文の違いを生む要素(4)

接続詞 that の意味合い

最後に，異なる文法形式の間でのこの種の微妙な意味の違いを実際に論じている著述を参照しながら，さらにいくつかの例を取りあげてみて，締めくくることにしよう。引用の(31)と(32)は，いずれもボリンジャー (D. Bolinger) *Meaning and Form* (Longman Group, 1977, p.10, p.11) からのものである。

(31) We can say *George turned the pages* or *The pages were turned by George*; something happens to the pages in the process. But while we can say *George turned the corner* we cannot say **The corner was turned by George* — the corner is not affected, it is only where George was at the time. On the other hand, if one were speaking of some kind of marathon or race or a game in which a particular corner is thought of as an objective to be taken, then one might say *That corner hasn't been turned yet.*

(31)で取りあげられているのは，前に本章の第 2 節で検討した能動態と受動態の書き換えの問題である。この点については〈他動

性〉——つまり，動詞の表す出来事が目的語として表されているものにどの程度影響を与えるかということ——がかかわっているということはすでに見た。turn the pages という表現では，ページは手で触れられ，めくるという行為の対象になる。(つまり，〈他動性〉は高い。) 他方，turn the coner という表現では，道の曲がり角は通過する場所に過ぎず，したがって〈他動性〉は低い。この違いのために，同じ turn という動詞でありながら振舞い方が違ってくるのである。しかし，もしたとえば問題の曲がり角がマラソンでの折返し点であってそこを通過することが勝敗に重大なかかわりをもっているというような場合であれば，受動態の不自然さは解消されることになる。

(32) If we look at situations where speakers are volunteering information, where no question has been asked and no answer is implied, but what is being said comes out of the blue, it is unnatural for the word *that* to be used. If I step into a room and want to drop a casual remark about the weather I may say *The forecast says it's going to rain*. It would be odd for me to say **The forecast says that it is going to rain*. But if you ask me *What's the weather for tomorrow?* I have a choice; *The forecast says that it is going to rain* is normal.

say という動詞が言われることの内容を表す節を伴う場合，接続詞の that を節の初めに用いるか用いないかという区別である。通常，このような場合，that は使っても使わなくてもよい。そして，くだけたスタイルでは that を使わない傾向がある，と教えられる。しかし，ここで述べられているのは，使うか使わないかはコンテクストの違いがかかわっており，したがって意味が違うという指摘である。つまり節の内容がすでに話題として登場し

ているようなものであれば，節は接続詞thatを伴い，初めてもち出されるようなことであれば，thatを伴わない形が選ばれるというのである。たとえば，次のような場合を想像すればよいであろう。今，ある部屋にジョンとメアリがいる。天気がこれからどうなるかということが話題になって，ジョンがラジオの天気予報を聞いてくると言って別の部屋へ行く。そして，聞いたあと，部屋に戻ってきてメアリにそのことを報告する——こういう状況設定であったら，ジョンの用いる言い方はthatを伴った言い方になるであろう。それに対し，今度はメアリが1人でいる部屋にジョンが入ってきて，たまたま別の部屋で自分が聞いた天気予報のことに言及してメアリに話しかける——こういう状況設定であったら，ジョンはthatを含まないほうの表現を使うであろう，というのである。

接続詞thatと定冠詞theの働き

　内容を表す名詞節を導くthatはあってもなくてもよいものである，と教えられ，そう信じてきた者にとっては，使い分けがあると言われることからしてたいへんな驚きであろうし，その上でさらに，どうして前述のような違いが，thatがあるかないかということと使われる状況との間にあるのかということが，不思議に思われるであろう。実はこの後者の点も，〈形式〉と〈意味〉の対応という観点から説明ができるのである。

　つまり，この場合，名詞節の内容が話題として〈既出〉であれ

that → that	that＋名詞節〔既出〕
(指示代名詞) (接続詞)	
that → the	the＋名詞句〔既出〕
(指示代名詞) (定冠詞)	

図3—3　接続詞のthatと定冠詞のthe

ば that をとり，〈新出〉であれば that をとらないということである。こう言うと，すぐ気がつくのは，名詞句の内容が話題として〈既出〉であればその名詞句は the をとり，〈新出〉であれば a（あるいは，複数の場合なら，ゼロ）を伴うという関係と著しく平行しているということである（図3－3）。節に伴う接続詞 that と，句に伴う定冠詞 the の間には，〈既出〉の話題であることを表示するという意味で，著しい平行性が認められるわけである。しかも，接続詞の that と定冠詞の the は，いずれももともと指示代名詞の that に由来するもので，起源は同じである。つまり，節を導く接続詞の that は句を導く定冠詞の the と同じ働きをしているというわけである。このように〈意味〉の差が表現の〈形式〉の差と平行しているということも，想定される〈意味〉の差が決して偶然ではないことを示している。

第4章 意味とコンテクスト

1. 文法・語法が正しくとも不自然な表現

　文法的にも正しいし，語法的にも問題のない文があったとして，その文はそれだけで実際のコミュニケーションの場面で正当に通用するであろうか。残念なことに，そうとは限らない。これまでにも，すでに，この種の場合のいくつかには触れてきた。たとえば，"John drank water." に対応する受動態として "Water was drunk by John." と言うのは文法的には正しいし，語法的にも問題はないが，次のような受け答えの場面で用いられると（とくにJohn が代名詞 him に書き換えられて出てくると，なおさら）明らかに不自然である。

(1)　"What did John drink?"
　　　?"Water was drunk by him."

この場合,「言語的コンテクスト」とでも言えばよいのかもしれないが, "What did John drink?" という形で表現された質問が先行するというコンテクストでは，それを受ける答え方としてはちぐはぐなものとなってしまう。

　同じように，次の(2)の表現も，それだけ見ていれば，文法的にも語法的にも問題のない文である。

(2)　"I want to ask you a question."

しかし，かりに外国人の英語の先生に生徒が話しかけるという状

況で考えてみると，正当な表現として通用するかどうか疑わしい。"May I ask you a question?" とか "I'd like to ask you a question." といった表現と比べてみれば想像のつくとおり，動詞 want には一方的な（たとえば警官が不審な人物に尋問したいと告げる場合のような）意思表示という意味合いがあって，上のような状況では，丁寧な表現としてはとても受けとられないからである。状況や場面――つまり，〈非言語的コンテクスト〉――との関連でも，文法的，語法的にはよい文であっても現実のコミュニケーションで正当に通用しないということがありうるわけである。

　一方，文に文法的，あるいは語法的な問題があるとして，そのような文はそれだけの理由で現実のコミュニケーションの場面で通用しなくなるものであろうか。たとえば，子どもが(3)，英語を勉強している外国人が(4)のような言い方をそれぞれしたとしよう。

(3) *"Mom, this is a gooder toy than that."

(4) *"He suggested me to come."

(3)の場合，もし，子どもとその母親との対話であるなら，母親のほうは子どもの gooder は正しくは better と言うべきところであると察してやるであろうし，そうなれば，子どもの文法的な誤りはコミュニケーションの上でほとんど障害になるようなこともなかろう。(4)の場合も同様であろう。聞いているほうが英語を母語とする話し手であれば，相手の外国人の表現が suggest という動詞の使い方としては不自然だということはすぐ感じるであろうが，もしその相手の外国人の話し手からの情報が自分にとって関心のあるものだと思うならば，正しくは相手は "He suggested that I (should) come." と言うべきところであったのであろうと察してやり，意思の疎通にはまず問題は起こらないであろう。現実のコミュニケーションにおいては，ことばが正当に機能するためには，文法や語法といったことばそのものにかかわる要件以上の何かが

関与してくるのである。

2．何がテクスト/談話を成立させるのか

文からテクスト/談話へ

　同じ問題を，今度は言語をいかに研究するかという観点から見てみよう。言語というものでは，音(おん)が結合して語ができ，語が結合して文ができる。——常識的には，私たちはおおよそこのようなイメージをもっている。このような了解は実は正確ではないのであるが，一応この線に沿って問題を考えてみることにしよう。

　まず，音が結合して語ができる，ただし，音の結合したものがすべて語として働きうるとは限らない，ということがわかる。たとえば，/b/と/e/と/d/という3つの英語の言語音をこの順序で結合すると/bed/という形ができ，これは〈ベッド，寝台〉の意味で語として実際に使われる形である。しかし，同じ3つの音であっても，結合の順序を変えると，とても英語の語としては使えそうもないような形ができる。たとえば/dbe/というような結合で，このような形の語は英語に存在しないし，また，存在する可能性もないように思える。ところで，ある結合は語として妥当，ある結合は妥当でないと英語の話し手が直感的に感じるとして，そのような直感の背後にあるのは何なのか。それを明示的にきちんと形式化して提示すること。——それが研究者にとっての課題になるわけである。そうすれば，英語では語頭に子音の結合が出てくることに関して制約があり，どのよう子音ならば許され，どのような子音ならば許されないか——それが記述されることになる。これは〈音韻論〉(phonology) と呼ばれる分野で扱われる問題の1つである。

　次の段階は，語が結合して文ができるという過程である。すぐ

にわかるとおり，ここでも音が結合して語ができるという過程の場合と同じことが言える。つまり，語を結合させていった場合，できた結合が正当な文と言えるものになることも，また，ならないこともある，ということである。たとえば I と love と Mary という3つの語をこの順序で結合して "I love Mary." という形の結合を作ったとしたら，これは十分文として通用する。しかし，もし結合の順序を変えて，"Love Mary I." とでもしたら，この形の結合ではとても正当な文として容認されそうもない。英語の話し手なら，そのように判断できる言語的直観を有しているわけである。そうすると，研究者にとっての課題は，そのような言語的直観の背後にある文構成に関しての制約を明示的に形式化してみるということになる。たとえば上のような場合だと，〈主語〉＋〈動詞〉＋〈目的語〉という，いわゆる他動詞構文なるものがあって，それに合っているか，合わないかということに話し手の判断は依存しているという説明を与えることができる。

　文よりも大きい単位——〈テクスト〉(text) とか〈談話〉(discourse) と呼ばれるもの——を言語研究の対象として扱おうとする関心が出てきたとき，最初に考えられたのは，それまで文に至る段階でとられてきたやり方をもう一段階延長してみるということであった（図4−1）。つまり，文を結合してテクストなり，談話なりと呼ばれるまとまりができる。しかし，文の結合なら何でもテクストや談話になるとは限らない。テクストとか談話とか呼ばれるためには，結合された文が全体として1つのまとまりをなしていなくてはならない。たとえば，次の(5)のような2つの文が並んでいるのであれば，2つの文で言われていることは1つのまとまりをなしていると受けとれるし，したがって1つのテクスト/談話（ないしは，あるテクスト/談話の一部）であると言えよう。

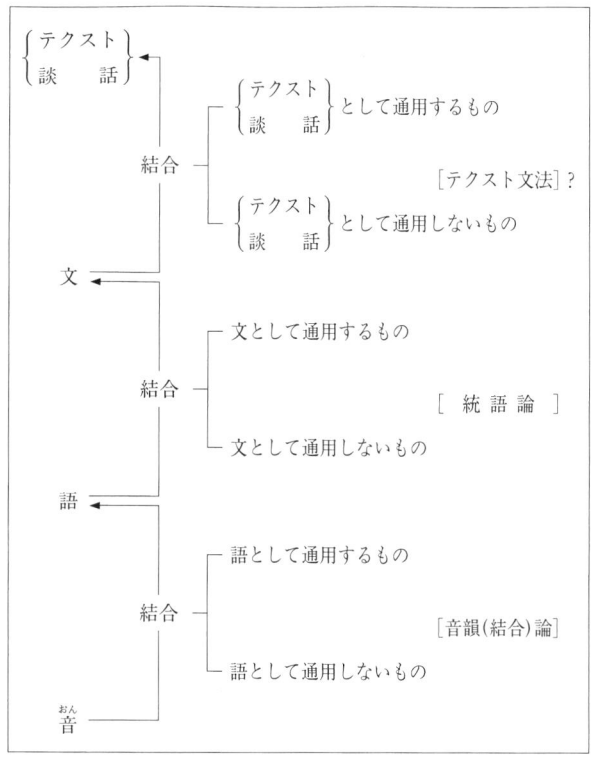

```
┌─ {テクスト / 談話} ←─────────────────────────────────┐
│                                                      │
│         ┌─ {テクスト / 談話} として通用するもの        │
│         │                                            │
│    結合 ┤                  [テクスト文法]？           │
│         │                                            │
│         └─ {テクスト / 談話} として通用しないもの     │
│   文 ←──┤                                            │
│         │                                            │
│         │   ┌─ 文として通用するもの                  │
│         │   │                                        │
│         └ 結合 ┤                  [ 統 語 論 ]        │
│             │                                        │
│             └─ 文として通用しないもの                │
│   語 ←──┤                                            │
│         │   ┌─ 語として通用するもの                  │
│         │   │                                        │
│         └ 結合 ┤                  [音韻(結合)論]     │
│             │                                        │
│             └─ 語として通用しないもの                │
│   音                                                 │
└──────────────────────────────────────────────────────┘
```

図4-1　初期のモデル

(5)　The volcano erupted. The eruption killed many people.

しかし，次のような2つの文の結合の場合となると，そうはいかない。

(6)　The volcano erupted. John was born yesterday.

火山の噴火がときとして大きな災害を起こすということは，私たちの常識の一部である。(5)の2つの文の内容は，そのような知識を参照することによって，容易に結びつく。しかし，(6)のような2つの文の内容を結びつける知識は，見出すのが困難である。し

第4章　意味とコンテクスト

たがって，2つの文は内容的にまとまるとは受けとられず，テクスト/談話（の一部）とは言いがたい。

テクスト/談話には具体的な場面が必要

このように考えれば，テクスト/談話を構成するかどうかに関しての話し手の直観は一応説明できる。しかし，その説明は話し手の有している知識を参照するという形のものであって，ことばそのものにかかわる要因を参照してのものではない。音から語へ，語から文へ，という場合は，音と音の結合の仕方，語と語の結合の仕方にある種の規則性があり，それに合っているか反しているかで話し手の直観の説明ができたわけである。もし，厳格に平行させるとすると，今度は文と文の結合の仕方にある種の規則性があるという形での議論をしなくてはいけないところである。しかし，十分想像できるとおり，そのような規則を立てることはたいへん難しい。たとえば，〈平叙文〉+〈平叙文〉という規則を立てたところで，(5)と(6)の区別はできない。(5)や(6)の場合はさておいて，一般的に〈疑問文/質問〉+〈平叙文/返答〉というような結合の規則を立てたとしよう。この規則はかなりな数の場合に適用できるかもしれないが，他方，反例となるけれども十分通用するというような場合もずいぶん多い。たとえば，質問に対して返答するのでなく，逆に質問するということもよくあるわけである。

このように考えてくるとわかるとおり，文が結合して1つのまとまりを作り，テクスト/談話と呼ばれるような単位を構成するには，どのような条件が満たされなくてはならないかを問題にする際には，ことばだけをにらんでいてもだめということである。現実のコミュニケーションの場面では，ことばの使い手は，辞書に定義されているような意味だけで操作するのではなくて，自らの主体的な思考や判断――つまり，認知的な営み――に基づいて，

いろいろな形でそれを補完するということをしているのである。そのような過程では，ことばの使い手は自らの経験，記憶を参照するということもあろうし，また，自らのメッセージの受け手となる人物をも含めたコンテクスト，場面との関連性といったことにも配慮しなくてはならない。こういった要因とさまざまに絡み合うことによって，テクスト/談話としての評価も複雑に変化する可能性を蔵している。たとえば，先ほど取りあげた(6)は，一見，テクスト/談話としてのまとまりを欠くというのが第一印象であった。しかし，もしある読み手が偉人の誕生に際してはよく天変地異を伴うものであるという自らの知識を援用して取り組んだとしたら，(6)も十分テクスト/談話を構成すると言えないこともないわけである。

　こうして見てくるとわかるように，テクスト/談話はただ文よりもサイズの大きい単位というようなものではない。両者の間の差は単なる量的なものではなくて，実は質的な差があると考えなくてはならないということである。そう考えれば，実はサイズが大きいか小さいかは本質的な問題ではないということもわかる。1つの文でも，また，場合によってはわずか1語であっても，それだけで十分テクスト/談話を構成するということもあるわけである。テクスト/談話という概念にとって重要なのは，それが具体的なコミュニケーションの場に位置づけられているということである。言語学での術語としての「テクスト/談話」とは，そのサイズには関係なく，現実のコミュニケーションの場で用いられた言語表現という意味で了解される。

3．なぞなぞから民話まで——特定ジャンルのテクスト構造

　文とは質的に違う言語的なまとまりとしてのテクスト/談話の

もつ動的で、言うならば、しなやかな本質をどのように捉えて記述するか——こういう問題に入る前に、ある特定の種類のテクスト/談話についてならば、文の構造を記述するのと形式的には同じやり方を延長して利用することも可能であることに触れておきたい。

なぞなぞの構造

たとえば「なぞなぞ」(riddle) と呼ばれるジャンルのテクストを考えてみよう。私たちが知っている日本の伝承的ななぞなぞを思い出してみると、次のようなタイプのものが多いのにすぐ気がつく。

(7) 足があるのに、歩けないもの、ナーニ。

答えはたとえば机だが、これをXで表すことにすると、このなぞなぞのテクストの構造は、次のようになっているわけである。

(8) Xは足がある——(推論)→Xは歩ける
　　Xは歩けない←——(矛盾)——↑
　　Xは何か

もっと一般化すると、次のように表せるであろう。(āはnot aを表す。)

(9) Xはaという属性をもつ
　　Xはāという属性をもつ
　　Xは何か

これは「Xはaであるか、āであるかのどちらかである」という背反律にそむくわけであるから、論理的には答えは出ないはずである。そこをうまくはぐらかして答えを出すというのが、なぞなぞのポイントである。この種のテクスト構造をもつなぞなぞはたぶん普遍的であろうし、英語にも多く見出される。

(10) What has two legs,

But cannot walk?
(11)　Got two eyes, but cannot see.

(10)は(7)の日本語のなぞなぞと同じであるが，(11)は答えの見当がつけられるであろうか。答えは potato——eye という語の多義性（〈眼〉と〈芽〉）と絡ませたなぞなぞである。

わらべうた，子守唄の構造

　伝承的な「わらべうた」の中にも，かなり決まったテクスト構造をもつものがある。「呪い」(incantation) の文句として唱えられるものはその1つで，たとえば，日本語の次のような場合である。
(12)　凧　凧　あがれ，
　　　天まで　あがれ，
　　　あがらねば煮て食うぞ，
　　　さがると焼いて食うぞ。
これは，次のようなテクスト構造をもっている。
(13)　〈命令〉——〈不服従〉——〈悪い結果〉
英語の伝承的なものにも，この種の型のものは多い。
(14)　Snail, snail, come out of your hole,
　　　Or else I'll beat you as black as coal.
十分予想できるとおり，構造が次のようになっているものもある。
(15)　〈命令〉——〈服従〉——〈良い結果〉
たとえば，次のような場合である。
(16)　Snail, snail, put out your horns,
　　　And I'll give you bread and barley corns.
　ここまでくれば，伝承的な「子守唄」(lullaby) も多くこのような構造になっていることに気のついた人もいるであろう。日本語の例は挙げるまでもないであろうから，英語のものを1つだけ

引用しておく。
(17)　Baby, baby, naughty baby,
　　　Hush, you squalling thing, I say.
　　　Peace this moment, peace, or maybe
　　　Bonaparte will pass this way.

　　　Baby, baby, he's a giant,
　　　Tall and black as Rouen steeple,
　　　And he breakfasts, dines, rely on't,
　　　Every day on naughty people.

　　　Baby, baby, if he hears you,
　　　As he gallops past the house,
　　　Limb from limb at once he'll tear you,
　　　Just as pussy tears a mouse.

　　　And he'll beat you, beat you, beat you, beat you,
　　　And he'll beat you all to pap,
　　　And he'll eat you, eat you, eat you,
　　　Every morsel snap, snap, snap.
　　　　　　(I. and P. Opie, eds.: *The Oxford Nursery Rhyme Book*,
　　　　　　　　　　　Oxford University Press, Oxford, 1955)
基本的には(13)に示した構造になっていることは，明らかであろう。

民話の構造

　もう1つ，伝承的な「民話」(folktale) も，かなりな程度に構造の型が規定できる場合である。国内，あるいは国外の異なる地域の民話を読んでいて，内容は違うのに話の筋の進行の仕方がよ

く似ていると感じることがある。たとえば，開けてはいけないと言われていた箱を開けて老人になってしまうという筋があったかと思うと，家の外へ出てはいけないと言われていたのに外へ出て悪

民話：	〈禁止〉	＋	〈違反〉	＋	〈結果〉
	箱を開けるな		開ける		老人になる
	外に出るな		外に出る		誘拐される
	後ろを振り返るな		後ろを振り返る		恐ろしいものに追跡される
文：	〈主語〉	＋	〈動詞〉	＋	〈目的語〉
	John		loves		Mary
	Nancy		saw		tha bird
	Bill		threw		the ball

図4－2　民話の構造と文の構造

者に誘拐されるとか，あるいは，後ろを振り返ってはいけないと言われていたのに振り返ったために，恐ろしいものに追跡される，といったような場合である。話の筋の内容はそれぞれ違うけれど，これを〈禁止〉＋〈違反〉＋〈結果〉と一般化して表してみると，今挙げた3つの場合は，すべてこの同じ構造式にあてはまることがわかる。これは，ちょうど(18) "John loves Mary.", "Nancy saw the bird", "Bill threw the ball." という3つの文が，それぞれ言っている内容は違うものの，一般化された文の構造式のレベルで言うと，どれも〈主語〉＋〈動詞〉＋〈目的語〉という型にあてはまるのと平行していることが見てとれよう（図4－2）。民話の構造というレベルで働いている原理は，文の構造のレベルで働いている原理と基本的には同じということなのである。

　上で挙げた民話からの3つの例は，いずれももっと長い話の筋の中の一部を構成しているといった感じのものであるが，1篇の話全体も同じようなやり方でその構造を示すことができるわけである。ごく短い話しか取りあげられないが，アメリカ先住民の民話から1つ例を挙げる。

(19) Some man had a little sack in which darkness was tied up. He gave it to Coyote and told him, "Don't open this sack, for if you do it is going to be dark."

　Coyote kept it for a little while without opening it. Then he opened the sack just a little, but the darkness got out and he could hardly see. Then it was dark all over.

　(A. Dundes: *The Morphology of the North American Indian Folktales*, Helsinki, 1964)

〈禁止〉(コヨーテが暗闇のつまった袋を開けないように言われる)—〈違反〉(コヨーテが袋を開ける)—〈結果〉(世が暗闇に包まれる)という構造は，すぐ読みとれるであろう。(実際には，この話にはもう1つの構造——〈欠乏〉(世に暗闇が存在しない)—〈欠乏の解消〉(世に暗闇が戻る)——が重なっていると解釈される。前者の分析での〈結果〉が後者の〈欠乏の解消〉に一致するというわけである。)

4．〈テクストを読む〉とはどういう営みか

文と文との結束

　前節では，なぞなぞとか民話というような特定のジャンルに属するテクストを特徴づける構造といったものを考えられるということを見た。このような構造はテクストの全体的な構成にかかわるものであり，言うならば，マクロ・レベルでの構造である。

　このようなレベルの構造に対して，テクストでは，1つの文から次の文へのつながりが保たれているという意味での構造性もなくてはならない。このような文から文への言わば局所的なつながりは，テクストの全体的なまとまりに対して，ミクロ・レベルの構造性と言うことができよう。そのようなつながりの関係を指し

て〈結束〉(cohesion) という術語が使われることがある。構成する文と文が相互に結束するのでなければ，テクストはテクストでなく，単なるばらばらの文の集まりにすぎないということになってしまう。

具体的な例について，文と文が結束するとはどういうことなのかを見てみよう。次に挙げるのは，ある民話の冒頭の部分である。

(20)　There lived an old man and an old woman; they had a daughter and a little son. "Daughter, daughter", said the mother, "we are going out to work… Be wise, take care of your little brother, and do not leave the courtyard." The elders went away, and the daughter forgot what they had ordered her to do….

(20)がばらばらの文の単なる寄せ集めではなく，文が相互につながりをもって配列されているテクストの一部であるということは読んですぐ感じとれるし，少し注意深く読み解釈の過程を反省してみれば，いろいろな要因がそういう印象を作り出すのに貢献していることに気がつく。

たとえば，2行目の中間に daughter という語が呼びかけとして繰り返されている。呼びかけとして使われると表層的に the が消去されるという英語の文法上の特徴から，読者はこの daughter は2行目の最初の daugther と同じ人物である推論する。一方，4行目の your little brother が先の2行目に出ている a little son と同じ人物を指すという解釈には，夫婦に息子と娘がいて息子のほうが娘より年下だった場合，この年下の息子は姉である娘から言うと弟ということになるという推論が必要である。5行目の the elders は定冠詞を伴っているからすでに言及されているはずであり，elders という語の意味からして，1行目の an old man and an old woman と同一人物が指されているのであ

第4章　意味とコンテクスト────103

ろうと考える。4行目の the courtyard は語として初出であるのに，定冠詞を伴った形で出てきている。ここのところでは，家族だから当然同じ家に住んでいて，その家には庭がある——その庭のことを指しているのだろうという推論が必要とされる。さらに動詞の関係では，6行目の ordered は，先行する直接話法の中の命令法と関係するという了解が必要である。

このようにして，テクストの読み手は用いられていることばの意味を手がかりとして，自らの推論を加えながら，つながりを確認しながら，全体としてのまとまった意味内容を構築していこうとするわけである。テクストを読み，解釈するということは決して受動的な過程ではなく，読み手の側での能動的な参与を前提とする営みなのである。

話の筋が通る/通らないということ

ところで，そういう意味内容の積極的な構築の営みが何らかの理由で挫折するということもある。そのような場合，読み手は個々の語句や文の意味はわかるけれども，全体としてどういうことを言おうとしているのかがわからない，つまり，解釈できないという印象をもつことになる。

そのような具体例を1つ見てみよう。ある出来事を報告したものであるが，起こった出来事をこのテクストから納得できる形で再構築できるか，という問題である。

(21) A man and his young son were apprehended in a robbery. The father was shot during the struggle and the son, in handcuffs, was rushed to the police station. As the police pulled the struggling boy into the station, the mayor, who had been called to the scene, looked up and said, "My God, it's my son!" What relation was the

mayor to the boy?

話で問題となる人物は，冒頭で1人の男とその息子と紹介されている。当然，1人の男と言われているのは息子の父親という推論ができるし，だから2行目で the father という初出から定冠詞を伴った言い方が出てくるのも理解できる。この父親のほうは射殺され，息子のほうだけが逮捕され，警察署へ連行される。ところが，そこへ呼ばれてきた市長さんがその若者（the struggling boy——これも定冠詞がついているから，既出の息子のことであろうと推論できる）を見るなり，「私の息子ではないか」と言ったという。その若者が息子であるというからには，この市長さんは若者の父親のはずだと推論できる。しかし，若者の父親はすでに死んでしまったのであるから，話が合わない。読み手は語られている出来事が納得できる形で再構築できず，何かおかしい，解釈できないと思うわけである。

　実際には，もちろん，この話は十分に筋の通っているものである。そのためには，市長さんは若者の母親だったと考えさえすればよいわけである。この話が腑に落ちないと感じられるとすれば，それは読み手に市長といえば男性の市長しか思いつかないという偏った先入観があるからである。このテクストは，人がどれくらい男性中心的な発想にとらわれているかをテストするものとして知られている。

5．テクスト成立の基準

基準と規則

　本章のこれまでの議論からもわかるとおり，テクストがテクストとして成り立つかどうかは，文が文として成り立つかどうかということに比べると，はるかに複雑な要因の絡んだ問題である。

テクストの場合，文が文であるかどうか——つまり，その「文法性」(grammaticality)——を判断する目安となる文法に相当するようなものを考えるとすれば，ことばだけをにらんでいてもだめということである。

テクストがテクストと言えるかどうか——つまり，その〈テクスト性〉(textuality)——の判断の目安となる要因を規定するという課題に対する答えとして，ここでは1つの提案を見ておくことにする。「テクスト性の基準」として，7つの要因を挙げるというものである。

個々の要因を見る前に，ここではまず〈基準〉(standards) という語が〈規則〉(rules) という語との意味的な対立を念頭に置いて使われているということに注意しておく必要がある。規則というと，それに合っていればよいが合わなければだめ，という意味合いであるのに対し，ここでいう基準は，あくまで原則，建前ということであって，それに反したから直ちにだめというようなことではないということである。〈テクスト性〉の基準として挙げられている7つのものも，どれか1つに反すればもはやテクストとは言えないということではなくて，他に満たしている基準があれば，それによってテクストとして通用する資格をうることもあるというのがその含みである。

7つの基準

7つの基準のうちの第1は，〈結束構造〉(cohesion) と呼ばれるものである。これは，文と文との間の文法的な照応関係がきちんと守られているということである。たとえば，次の(22)の a) は結束構造に適った表現であるが，b) はそうではない。

(22) a) I saw *John* yesterday. *He* was very well.
b)*I saw *John* yesterday. *She* was very well.

第2の基準は，〈結束性〉(coherence) と呼ばれる。第1の基準の〈結束構造〉が表現の上での受け継ぎが正しく行われているということであるのに対し，〈結束性〉は内容の上でのつながりが正しく行われているということである。㉓の a) に対し，b) のほうはありえない内容を述べていると感じられよう。

㉓　a) John played baseball yesterday for the first time in his life. He was eighteen years old then.
　　b)*John played baseball yesterday for the first time in his life. He was born the day before.

以上の2つ基準は，それぞれテクストの表層的な（つまり，表現の上での）つながりと，深層的な（つまり，内容の上での）つながりにかかわっていると考えればよい。

　第3と第4の基準の〈意図性〉(intentionality) と〈容認性〉(acceptability) は，それぞれ話し手と聞き手にかかわるものと考えればよい。〈意図性〉は，話し手の意図に適っているかどうかということである。

㉔　"What are you reading?"
　　"Words, words, words, …"

何を読んでいるかと尋ねた人は，相手がことばを読んでいるということくらいわかっているはずであり，したがって，この場合の「ことば，ことば，ことば，……」という答えは意味をなさず，コミュニケーションの趣旨に適っていない。しかし，この答えるほうの人物が尋ねる人物のおせっかいにうんざりしていて，それをはぐらかしたいという意図で言ったとしたら，これも適切な言い方と言えよう。一方，〈容認性〉は，相手の立場として受け入れられるかどうかということである。前にも取りあげた生徒と外国人の先生のやりとりを考えてみるとよい。

㉕　Pupil: "I want to ask you a question."

第4章　意味とコンテクスト

Teacher: "?!"

質問の趣旨はわかるけれども、まるで尋問調の言い方に、先生のほうが驚いてコミュニケーションがうまくいかない可能性が生じるわけである。

第5の基準は〈情報性〉(informativity)、つまり、聞き手にとって新しい情報が含まれているかどうかということである。たとえば、先ほどの(24)では、答えには尋ねた人の期待するような情報は含まれていないから、この基準を満たしていない。(しかし、答えた人の意図次第では、十分適切な表現とも言えるわけである。)

第6の基準は、〈場面性〉(situationality)、つまり、そのコミュニケーションの場面に適っているかどうかということである。

(26) a) Help me! I'm drowning.
   b)*I'd appreciate it very much if you could help me. I'm drowning.

溺れかかっているという緊急事態であるのだから、b) の言い方は (直訳すれば、「助ケテイタダケバ大変有難イノデスガ……私、溺レテイルノデス。」) たしかに丁寧ではあるが、そのような場面では不適切である。

第7の基準は、〈テクスト間相互関連性〉(intertextuality)、つまり、あるテクストがそれに先行する他のテクストとの関連で適切に機能しているかどうかということである。

(27) To drink or not to drink; that is a question.

もう1杯、飲むか飲まないかと迷っている状況で(27)のような表現がなされれば、ハムレットの有名な "To be or not to be; that is the question." という台詞(せりふ)を連想させる。しかし、とても深刻とは言えない状況での発言として落差が意識され、ふざけた表現という印象を与えることになる。

以上の説明の中でも具体例はいくつか出てきたが、ある基準か

らするとテクスト性は満たせなくても，他の基準が満たされることによってテクストとして十分機能するという点にもう一度注意しておくとよい。たとえば，つなぎの表現に文法的な欠陥がある場合（つまり，〈結束構造〉の基準を満たしていない場合）であっても，わが子の訴えを聞いてやっている母親ならば（〈容認性〉の基準が満たされるゆえに）テクストとして十分に機能し，コミュニケーションは可能であろうが，テストを課される受験生と課す試験官の間でのコミュニケーションなら，結束構造において不完全なテクストは正当な答えとして容認されないであろう。

6．協同の原則——会話の当事者が守るべきこと

会話成立のために話し手はどう振舞うか

　1篇の作品をテクストとして考える場合でも，その作品をめぐる作者と読者という形で，話し手と聞き手を取り込んだ対話の図式を想定してみることは十分可能である。しかし，作品というようなものの場合はどうしてもテクストであるものの存在感が強く，とくに作品の〈自立性〉を強調するというような発想がとられることになると，話し手，聞き手に相当するものの関与性は2次的という印象すら受ける。

　これに対し，話し手と聞き手の役割がもっとも顕著な形で前景化される場合は何かと考えてみれば，〈会話〉と呼ばれる営みが考えられよう。そこでは，話し手と聞き手の両者の相互作用によって，テクストがまさに生成されていく過程が問題になるからである。そのような意味で〈会話〉は，テクスト／談話の中でも特別な地位を占めているし，また，このあたりになると，術語としては〈テクスト〉より〈談話〉のほうが使いやすいことが感じとれよう。

〈会話〉が談話として正当に成り立つためには，どのような条件が満たされていなくてはならないか——このような問題提起に対する1つの古典的な解答として，哲学者のグライス (Paul Grice 1913-1988) が提案した〈協同の原則〉(Cooperative Principle) というのがよく知られている。会話というものは，話し手と聞き手の両者がそれぞれの役割を交替させつつ，つながりとまとまりのある談話を生成していく営みであるから，何よりもまず，話し手と聞き手の間にその点について相互に協力し合うという関係がなくてはならない。そのような協力関係が作り出され，維時されていくためには，会話の当事者である話し手と聞き手が守らなくてはならない振舞い方についてのいくつかの原則がある，とグライスは考えるのである。

ここで使われている「原則」ということばであるが，前節で〈テクスト性の基準〉ということを取りあげた際に〈基準〉ということばについて説明したのと同じ意味合い——つまり，それはあくまで建前であって，それに反したからといって直ちにだめになるわけではない。たとえば，ある原則に反していても，他の原則を満たすということで，談話として十分成り立つこともありうるということ——を含んで用いられていることにまず注意しておく必要がある。その上で，グライスは4つの原則を立てている。(〈協同の原則〉を構成するこの4つの項目については，グライスは maxim ということばを使っている。この場合の maxim とは〈金言〉，〈諺〉といった意味ではなく，倫理学的な術語としての〈格率〉——つまり，振舞いにおいて従うべき〈実践的原理〉——という意味で使われていることにも注意。以下では，〈原則〉という語をあてて説明することにする。)

第1は，〈量の原則〉(maxim of quantity) と呼ばれるもので，「適度の量の情報を提供すること」と説明されている。この説明

で2点，注意しておくべきことがある。1つは，ここでいう「情報」とは（情報理論の術語としての）〈聞き手にとって新しい情報〉という意味で用いられていること。もう1つは，「適度の」というのは含蓄のある表現で，多すぎても少なすぎてもだめ，しかも，多すぎるか少なすぎるかは，コンテクスト次第で変わりうるという含みである。たとえば，次のようなやりとりを参照。

(28)　A：「今，何時？」
　　　B：「昨日の今ごろだよ。」

Bの答えは理論的には間違っているわけではないであろうが，Aの期待するような情報は何も含まれていない。「量の原則」に違反しているわけで，これでは会話がまともに続かないという可能性が生じる。

(29)　A：「今，何時？」
　　　B：「9時36分27秒です。」

Bの答えは正確だけれども，このような答えだと，また会話がまともに進行しない可能性が生じる。日常の場面なら，Aはこれほど詳細な情報を期待していたわけではなかろう。つまり，Bの答えは情報量が多すぎて適度ではないのである。（しかし，場面が変わって，正確な時刻の通知が必要とされるということであれば，これで適度ということもありうるわけである。）

　第2は，〈質の原則〉（maxim of quality）で「真実の情報を提供すること」と説明されている。つまり，質のよい情報とは真実を伝えるもの，虚偽の情報は質の悪い情報ということである。例は挙げるまでもないであろう。一方が他方にまことしやかに嘘を言ったとしたら，少なくともそれが相手にわかった段階で，まともな会話の進行はおぼつかなくなる。まともな会話の成立のためには，当事者がたがいに真実を伝え合うよう協力するのが当然の前提になる。

第3は,〈関連性の原則〉(maxim of relation)で,「関連のあることを言うこと」と説明されている。たとえば,次のやりとりでのBの答えは,どう見てもこの原則を満たしていない。

(30)　A:「今,何時?」
　　　B:「明日は天気だよ」

つながりとまとまりのある会話の成立には,当事者の双方が問題となっている話題に無関係な情報を提供したり,相手の言ったこととつながらないような受け答えをしては困るわけである。

　第4は,〈作法の原則〉(maxim of manner)と名づけられ,「明晰なことば遣いをすること」と説明されている。たとえば,次のような受け答えがまじめに行われたとしたら,会話の進行は挫折する可能性が出てくる。

(31)　A:「今,何時?」
　　　B:「巳の刻すぎだよ」

会話の本質は情報交換だけではない

　グライスの〈協同の原則〉は以上見たとおりであるが,これについては1つ注意しておかなくてはいけない点がある。つまり,グライスの考えている「会話」は,もっぱら〈情報の交換〉を目的とするタイプのものであるということである。たしかに〈情報の交換〉は,会話の目的としてたいへん重要なものである。話し手と聞き手がそれぞれの立場を適宜交替しながら,相手にとっての新しい情報を提供していき,その過程を通して,両者の共有する(common)情報の量が次第に増していく——コミュニケーション(communication)という語は,語源的にはそのような発想を含んでいる。

　しかし,会話の目的は情報の交換だけとは,とても言えない。会話が交わされる際に目的とされるのは,交わされることばによ

って伝えられる情報内容ばかりではない。すぐわかるとおり、会話を交わす相手との人間関係を確認したり、調整したりすることも大切な目的になる。挨拶が交わされるというような場合は、その典型的な場合である。グライスの原則との関連で言えば、嘘を言うのは「質の原則」に反した振舞い方である。しかし、英語で white lie（罪のない嘘）というような場合──たとえば、招待を受けたのだが気が進まないというときに、「先約がありますので」と言って辞退するというような場合──は、十分に許される振舞いである。実際には先約などないのであれば、これは偽りの情報を提供するのであるから、明らかな違反である。それでもこの場合許されるとすれば、情報交換ということ以外の原則が働いているからである。もちろん、この場合、相手の顔を立てるという対人関係的な配慮が働いていて、それによって許されてよいという評価が出てくるわけである。情報内容の伝達ということを念頭に置いて構築されているグライスの原則は、さらに対人関係を調節するという機能を念頭に置いた原則によって補完されなくてはならないわけである。

7．丁寧さの原則──対人関係の調節

　適切な対人関係を作り出し、維持していくために、私たちはどのように振舞わなくてはならないか──このような点についての了解は、人間の社会ならば、どこでも、何らかの形で存在しているはずである。エチケットとか礼儀作法といわれるものは、そのような了解であると考えてよい。相手に安心と信頼の気持ちを抱かせ、快適な共存の場を生み出す──そのような目的のために、私たちはことば遣いをも含めて、礼儀正しく、丁寧に（politely）振舞うことを期待されている。そのような振舞い方の指針と

して，前節で見た「協同の原則」と同じように，「丁寧さの原則」(politeness principle) といったものを考えてみることができるわけである。

そのような試みの1つとして，ここではイギリスの英語学者，リーチ (G. N. Leech) によるものに触れておくことにする。

(32) Leech's Politeness Principle

Tact Maxim
1. Minimize cost to other.
2. Maximize benefit to other.

Approbation Maxim
1. Minimize dispraise of other.
2. Maximize praise of other.

Agreement Maxim
1. Minimize disagreement between self and other.
2. Maximize agreement between self and other.

Generosity Maxim
1. Minimize benefit to self.
2. Maximize cost to self.

Modesty Maxim
1. Minimize praise of self.
2. Maximize dispraise of self.

Sympathy maxim
1. Minimize antipathy between self and other.
2. Maximize sympathy between self and other.

見てわかるとおり，左右隣り合わせに並ぶものがそれぞれ対になって，3組の原則が提示されているわけである。第1の組は〈気遣い〉(tact) と〈気前よさ〉(generosity) にかかわるもので，他人に対しては負担を最小に，利益を最大にすること，逆に自分に対しては，利益を最小に，負担を最大にするというのが礼儀上

正しい振舞いになるということである。

(33) a) Give me your money. (cost → impolite)
　　 b) Have another sandwich. (benefit → polite)

金銭を要求するのは相手に〈負担〉を強いるわけだから礼儀作法にもとり，一方，(たとえば食事の折に) サンドイッチを勧めるのは相手の〈利益〉になることであるから，礼儀に適う。これには，さらにどういう言い廻しを用いるかが連動してくる。(34)の a)，b) は上の(33)の a)，b) に対応する〈間接的〉な (つまり，遠回しの) 表現である。

(34) a) Could you please give me some of your money?
　　 b) Would you mind having another sandwich?

相手の〈負担〉を求める場合は，(34a) のように間接的な言い方で接すると，(33a) のような直接的な言い方で接するより礼儀に適う。一方，相手の〈利益〉になることを勧めるのに (34b) のように間接的な言い方で接すると，(33b) のように直接的な言い方で接する場合に比べると，礼儀に適う振舞い方にならない。この (34b) は，どう振舞うのが礼儀正しいかということに関して文化的な差のあることを示している。日本では食事の席で食物を勧める場合，直接的な言い方で言うのは必ずしも礼儀正しい振舞い方にはならない。

　第 2 の組は，〈賞賛〉(approbation) と〈謙遜〉(modesty) にかかわるもので，他人に対しては非難を最小に，賞賛を最大にすること，逆に自分に対しては，非難を最大に，賞賛を最小にするのが礼儀正しい振舞いになるというのである。したがって，次の (35a) と (36a) は礼儀に適う言い方，(35b) と (36b) は礼儀にもとるということになる。

(35) a) How pretty you are! (praise of other → polite)
　　 b) How pretty I am! (praise of self → impolite)

(36) a) How stupid of me! (dispraise of self → polite)
  b) How stupid of you! (dispraise of other → impolite)

第3の組は,〈同意〉(agreement) と〈共感〉(sympathy) に関するもので,他人と自分の間で不合意を最小に抑え,共感を最大にする,あるいは,合意を最大にし,敵意を最小にすることが礼儀正しい振舞い方になるということである。したがって,次の (37a) と (38a),(39a) と (40b) は礼儀に適い,(37b) と (38b),(39b) と (40a) は適わない。

(37) a) You are entirely right.
    (more agreement → polite)
  b) You are not entirely right.
    (less agreement → impolite)

(38) a) You are not entirely wrong.
    (less disagreement → polite)
  b) You are entirely wrong.
    (more disagreement → impolite)

(39) a) I am pleased to hear that you succeeded.
    (sympathetic → polite)
  b) I am sorry to hear that you succeeded.
    (antipathetic → impolite)

(40) a) I am pleased to hear that you failed.
    (antipathetic → impolite)
  b) I am sorry to hear that you failed.
    (sympathetic → polite)

8.「関連性」——会話成立の大原則

6節と7節で見たとおり,適切な会話が進行するために当事者

の守るべき振舞い方の指針をいくつかの〈原則〉という形で立てて，それらが現実に遵守されるか，違反されるかという観点から説明することはわかりやすいし，十分可能と思われる。しかし，それに対して一方，このように分析的にアプローチするのでなく，このような〈原則〉を統合するような大きい原則を設定するという形で，あらゆる場合を統一的に説明できないかと考える立場もある。

　そのような統合的な原則としてもっとも有力なのは，〈関連性〉(relevance) という要因である。この要因は6節で取りあげたグライスの原則の中では，4つのうちの1つの原則であるに過ぎなかった。しかし，たとえば「量の原則」として「適度の量の情報」を提供すべきであるということが言われる場合，これは〈関連性〉が量について述べられているにほかならないと考えることもできる。他の〈質〉や〈作法〉についても同様である。情報交換が目的の会話であれば，真実の情報を提供するのがもっともふさわしい振舞い方であるし，明晰な言い方をすべしという点に関しても同じことである。この考え方は，さらに礼儀正しさにかかわる振舞い方の指針についてもあてはまる。礼儀正しさということが問題になる場面は，具体的にはおよそ千差万別であろうが，すべてに共通して働いている原則は，問題の場面に適切な——つまり，〈関連性〉のある——振舞い方をすることと言えよう。

　このように〈関連性〉という点に問題を収斂させることによって，問題の焦点は人間がさまざまな場合に〈関連性〉ありと判断する際に，場面に含まれるさまざまな意味合いをどのように把握するかという認知過程のほうへ移ることになるわけである。当然，そこでは普遍的な側面と並んで，個々の言語社会の文化に制約された相対的な側面も浮かびあがってくるはずである。

第5章 意味の変化のダイナミズム

1.「ことばの場」という考え方

「うつくしい」をめぐる日英両語の変遷

　社会の中で行われるさまざまの慣習は時間とともに変わりうるものであるが，言語もその例外ではない。言語の歴史的な変化はいくつかの面で現れる。音の面における変化（たとえば，日本語で「パ<ruby>行<rt>ぎょう</rt></ruby>」の音が「ハ」行の音に変わったとか，英語で/iː/が/ai/になったとかいった変化）とか，文法の面における変化（たとえば，活用の仕方とか語順の変化）と並んで，語がその本来の意味から別の意味へ変わるということも，きわめて広く見られる現象である。

　たとえば「美しい」という語であるが，この語は昔から今のような意味をもっていたわけではない。『枕草子』の中には「うつくしきもの。なにもなにも，ちひさきものはみなうつくし。」というふうに述べられているところがある。ここで清少納言が言っている「うつくし」の意味は，現在とは同じではない。むしろ〈愛らしい，かわいい〉という意味，現在の言葉で言うならば「いつくしむ」べきものといった感じである。つまり「美しい」という語の意味は〈愛らしい〉→〈愛らしくて美しい〉→〈美しい〉というふうに変わってきたと考えることができる。古い時代には，この語はちょうど現在の英語の lovely に近いような感じの語で

あったと思われる。しかし，一方「うつくしい」という語が本来〈美しい〉という意味でなかったのなら，〈美しい〉ということはどういう語で表していたのであろうかということが当然問題になる。いくつかの語がこの意味を表すものとして異なる時代に登場してくるのであるが，たとえば古く『万葉集』の頃には「くわし」という語が〈美しい〉ということを表す1つの語であったらしい。この「くわし」には「細し」のような漢字があてられるから，本来は〈ほっそりとした〉というような感じを伴った語なのであろう。もちろん，これは単に外観のみに重点のあるものではなく，そこからさらに〈大事にしてやるべき，かわいい〉というような感情も伴っていたのであろう。しかし，いずれにせよ，現在の「くわし」という語は「詳しい」という形で解されるのがふつうであり，「詳しい女性」という表現はおよそ〈美女〉というイメージからは遠くなってしまっている。

英語の場合で考えてみよう。beautiful は現在の英語で〈美しい〉ということを表す代表的な語であるが，この語が初めて英語の文献に記録されるのは1526年——シェイクスピアの生まれる40年ばかり前——に過ぎない。実はこれと同じ系統で現在では文語となってしまっている beauteous という語もあるが，この語も英語の文献に残っている用法としては1440年以前には遡れない。そうするとそれ以前，たとえば1400年に亡くなっている文豪チョーサーなどは〈美しい〉ということをどう表していたのかということが当然気になる。チョーサーの作品を調べてみればわかるが，その意味でもっともふつうに使われているのは fair という語である。ところが，この fair という語は現在，日常語では〈美しい〉という意味ではふつうには使わない。*My Fair Lady* という，日本でもミュージカルとしてヒットした作品があるが，このような 'fair' の使い方は文語的である。現在 fair という語が使われる

場合のふつうの意味はもはや〈美しい〉ではなく，肌が〈色白い〉とか，髪が〈金髪〉といった特殊化した場合のみである。

構造的な意味変化

　ところで，〈美しい〉という意味を表す語についての上の議論からもわかるとおり，語の意味変化ということはその語1つだけに関係した現象ではなく，周辺の語にもいろいろな形でその影響を波及させるものである。Xという語がAという意味からBという意味に変わったとする。そうすると，Aという意味は今度はどういう語によって表されるようになったかということが問題になる。もしYという語がその役を果たすことになったのならば，このYという語は前にはどのような意味であったのかということが当然知りたくなる。よく言語は単なる要素の集まりではなく1つの構造体であるということが言われるが，意味変化の問題もそれにふさわしく構造的に捉えるのが理想的である。

　もう1つ比較的簡単な具体例でこのことを見てみよう（図5−1）。英語のdeerという語はもともと〈動物〉という意味であったが，ある段階でもっぱら〈鹿〉という意味で用いられるようになる。（ドイツ語を知っている人は，この語はドイツ語のTierと同語源で，ドイツ語ではまだもとの〈動物〉の意味が現在までも残っていることを想起するとよい。）しかし，〈動物〉という概念は重要

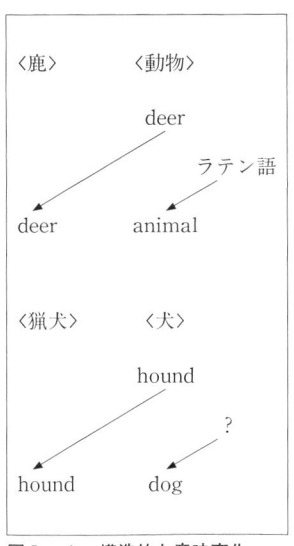

図5−1　構造的な意味変化

であるから，それを表す語がないといった状態ではすみそうもない。結局，この空所を埋めることになったのが animal という語であり，これが現在まで続いているわけである。ところで animal はどこからきたかといえば，これはラテン語からの借入語である。同じように hound は本来〈犬〉一般を表した語であったが，後にはもっぱら〈猟犬〉を指すようになる。(この場合も同じ語源のドイツ語の Hund は現在でもまだこの〈犬〉の意味を保っている。) そこで〈犬〉という意味の部分が空欄になったわけであるが，ここを満たすようになったのが現在の dog という語である。ただし，この dog という語の由来は十分明らかではないらしい。

〈意味の場〉で変化を見る

　言語の語彙を 1 つの大きな分野にたとえるならば，その分野の中ではこのような形でいろいろな語が移動したり，出たり入ったりしているわけである。もちろん，実際にはもっと細かい点でいろいろと複雑なことが起こる。たとえば，先の図式的な説明では，まず何か最初に空所が生じ，そこを埋めるような形で他の語が入るというような表現の仕方をした。

　しかし，実際にはたとえば空所となったところが空所のまま残るということもありうる。(それが時代の推移などによって，もはや文化的に有意義でないような概念になった場合などはとくにそうである。) また，最初にすでにある語によって満たされている欄に，何らかの理由でまた別の語が侵入し，2 つの語がほぼ同じ意味をもつものとして競合する時期が続いたあと，一方が使われなくなったり，両者の間で意味や使用域の上で分化が起こったりする。さらに，1 つの語はある欄から別の欄へ移るというようなことだけでなく，もとの欄に居座ったまま，他の欄にいわば領土を拡張するような形でその適用範囲を拡げるということもごくふつうに

起こる。これは，つまり多義性の場合である。

このような状態はしばしば〈場〉(field) という概念を使って表すことがある。つまり，ある言語の語彙は語の雑然とした集合によって構成されているのではなく，まずその意味の関連性に従っていくつかの場に分かれ，それぞれの場がさらにいくつかの語によって分割されているという考え方である（図5－2）。そのような場は，その構成基準となる意味の関連性に注目して〈意味場〉(semantic field) と呼ばれることもあるし，それを実際に満たしている語に注目して〈語彙場〉(lexical field) と呼ばれることもある。たとえば，〈色彩〉，〈親族関係〉，〈調理法〉，〈移動〉などは比較的よく研究対象として取りあげられた〈場〉である。

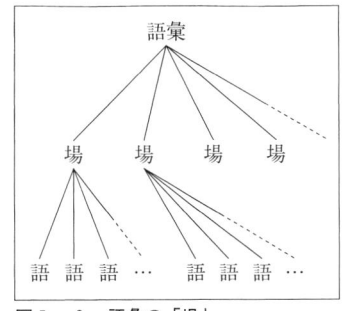

図5－2　語彙の「場」

同一の場を取りあげて，異なる時代で比較してみると，当然いくつかの変化が見られる。まず，その場を構成している語に変動があるであろう。ある語はその場を離れ，一方，別な語がその場に入ってきているかもしれない。構成している語にたまたま変動がないというような場合でも，それぞれの語が領有している意味範囲には変化がありうる。

日本語の本来の基本的な色彩用語は「白」，「黒」，「青」，「赤」という4語によって成立していたと言われるが，これに第2次的な転用による色彩用語（たとえば「あい」，「むらさき」，「だいだい」など本来染色用の植物の名称であったもの）が加わって，きわめて多い数になる。「褐色」のようにもっぱら英語のbrownなど外来語の訳語としてその地位を保持しているように思えるものもあ

るかと思うと，一方「桃色」のように定着していたように思えたのが，そのよろしくない連想のためだんだん使いにくくなり，それに代わる「ピンク」も同じ過程をたどっているように見える。「青」は古くからの色彩用語であるが，「緑」との関連でその適用範囲は本来よりは明らかに狭められてきている。

2．意味変化の伝統的な分類

一般化と特殊化

　意味変化の分類で伝統的にもっともよく行われてきたのは，意味が〈一般化〉する（つまり，広くなる）場合と意味が〈特殊化〉する（つまり，狭くなる）場合とに分けるというやり方である。

　ここで言う意味の〈一般化〉(generalization) と〈特殊化〉(specialization) ということはもう少し厳密に言うと，次のようになる。前に語の意味というものはその語がどのような場合に使われるのが適切であるかということにかかわる決まりとして機能すると考えたことがあった。そうすると，そのような決まりが細かければ細かいほど，その語は特殊な場合にしか使えないし，逆に，決まりが大まかなものであればあるほど，その語は広く一般に使えるわけである。意味変化という点から考えれば，これまでに課せられていた決まりのうちどれかが脱落するという形での変化であれば，それは意味の一般化であり，逆にこれまでの決まりの上にさらに何かが余計につくとすると，それは意味の特殊化であると言うことができる。

　たとえば，もともと〈子鳥〉を意味していた語（英語の bird がそうである）が後に〈鳥〉一般を表すようになったとしよう。〈子鳥〉は〈子鳥〉＝〈鳥〉＋〈子〉と表せるから，この意味変化は〈子〉という成分が脱落するというものであることがわかる。こ

れは，本来この語の適用は鳥のうちでもまだ完全に成長していないものに限るという決まりがあったのが除かれたということで，その結果，語の適用範囲は当然広くなる。つまり，意味の一般化が起こったわけである。arrive という動詞も，本来は〈水路で〔船で〕到着する〉という意味であったのが，今では陸路でも空路でも，何でもよくなって，意味が一般化している。

一方，たとえば本来種類を問わず〈卵〉一般に対して適用された語が，後にとくに〈鶏卵〉だけに適用されるようになったとしよう。〈鶏卵〉＝〈卵〉＋〈鶏〉ということであるから，今度は卵でも鶏のものに限るという決まりがついたわけである。当然，語の適用範囲は前より狭くなる。つまり，意味の特殊化と言われる場合である。deer（〈動物〉→〈鹿〉），voyage（〈旅〉→〈船旅〉），starve（〈死ぬ〉→〈餓死する〉）などは，その例である。

この過程は，上位概念と下位概念ということでも説明できる。概念間に図5－3のような階層関係を想定すると，上位概念から下位概念へと移るのが特殊化であり，逆に下位概念から上位概念へと移るのが一般化であると言える。

特殊化か一般化かというだけでは，すべての意味変化の場合を覆いつくすことはできない。たとえば「卵」という語を人間に対して用いて「医者ノ卵」などと言う場合，あるいは，mother という語を人間以外に適用して "Necessity is the *mother* of invention." などと言う場合は，もとの意味に対して新しい意味が上位概念であるとも下位概念であるとも言いが

図5－3 「一般化」と「特殊化」

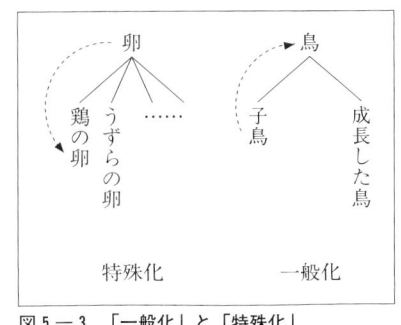

たい。むしろ全然別の系列の概念へと移行したという感じである。このような場合は〈転移〉(transfer) と呼ばれ，この分類では〈特殊化〉，〈一般化〉のどちらにも入らないものはこの部類に含めるのがふつうである。

社会的グループとことばの関係

　社会の中で，もともとある限られたグループの中で使われていた語が何らかのきっかけでそのグループの域を越えてもっと広く用いられるようになったり，あるいは逆に広く一般に用いられていた語がある特定のグループに採用されて，その中で特別な意味で用いられるというようなことが起こる。語の意味の一般化と特殊化は，社会の中での語のこのような移動と密接な関係がある。

　一般に，語がある特定のグループから出て広く用いられるようになると，意味の一般化が起こるし，逆に，その使用がある特定のグループに限られるようになると，意味の特殊化が起こる（図5－4）。英語の humour や melancholy は，もともと人間の体液と気質の間に対応する関係があると想定した古い医学での用語としての使用が一般化したものである。canon, orthodox, sanctuary といった語も，本来は宗教的な用語であり，今でもそのように使われるが，宗教的なコンテクストを離れて，もっと一般化した意味で用いられるほうがふつうになってきている。たとえば，the canons of good behaviour, an orthodox view, a wildlife sanctuary などのような場合である。日本語でも，

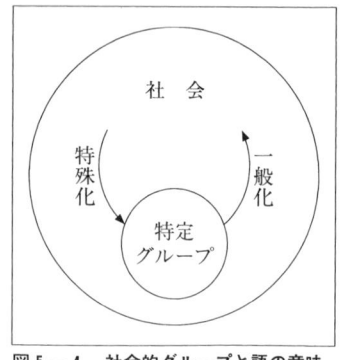

図5－4　社会的グループと語の意味

「知恵」や「邪魔」といった語は本来仏教関係のものであるが，日常語としての使い方では今ではそのような連想はなくなってしまっている。

　逆に，operation という語は日常語としては〈操作〉といった意味合いであるが，医学用語としては〈手術〉，軍隊用語としては〈作戦〉といったように，特定グループの用語として意味の特殊化を起こしている。hound の意味が本来の〈犬〉から〈猟犬〉というふうに特殊化したことの背後にも，同じような事情があったのであろう。〈聖書〉のことを指して the Book と言うのも同じように考えられる。特定グループの中では，一義的に特定化された意味で了解されるわけである。

〈向上〉と〈堕落〉

　意味変化の分類でもう1つ伝統的によく行われてきたのは，意味が〈よく〉なった (amelioration) か〈悪く〉なった (pejoration) かという観点からのものである。意味が〈よい〉とか〈悪い〉とかいうのは，結局は主観的な判断になりがちであるから，厳密に学問的な議論には馴染みにくい面もある。

　この観点から捉えられる意味変化にも，社会的な事情が反映することが多い。たとえば，「女房」とか「女中」という語も本来はかなりな身分の者を表していたが，後になると指される範囲がずっと広くなり，それに伴って意味の堕落ということが起こったと捉えられる。英語の lady はもともと hlæfdige という形をしていた語で，hlæf は現在の loaf に相当し，〈パン〉を意味する語，dige は現在の dough に相当し，〈練る〉を意味する語，したがって，全体として〈粉を練ってパンを作る人〉という意味合いをもっていた。この語はそのような語源的な意味で家庭の〈主婦〉を指す語として使われていた段階から次第に意味が向上して身分の

高い〈貴婦人〉を指すようになる。そして今度はその適用範囲が拡げられるにつれて意味が落ち始め,女性であればすべて ladyであるという現在の用法に落ち着いた。この語に対応する gentleman にも同じような経過が見られる。本来は gentle は〈高貴な〉ということで身分の高い男性だけが gentleman であったが,今では男性であれば誰でも gentleman になれるわけである。

　第1章で〈婉曲話法〉ということを取りあげたが,これが意味の堕落の原因になることもしばしばある。つまり,〈悪い〉ものを直接指さずに〈よい〉意味のことばで遠回しに指すということを繰り返しているうちに,そのことば自体が〈悪い〉ものそのものずばりを表すという意味をもつものと解釈されるようになるわけである。〈便所〉を表す表現が次々と取って代わられるのは,そのような過程が起こっているからである。病気に関する婉曲話法はいろいろあるが,英語で〈病気〉を意味する disease は,語源的には〈安楽〉を意味する ease に否定の接頭辞 dis- がついたものである。本来は〈安楽さを欠いていること〉という漠然とした意味での婉曲話法であったのが,今では〈病気〉そのものを表している。〈悪さ〉の程度がより強まったという意味で,このような場合も意味の堕落の例とされることがある。日本語の「不快」という表現も敬語的なコンテクストで〈病気〉の意味で使われるが,英語の disease の場合とよく似ている。

　日本語の「おめでたい」は婉曲話法の効果をまだ保っているが,英語の silly のほうはそうではない。この語はもともとは〈幸福な〉という意味(ドイツ語の selig〈幸福な〉と同じ語源の語)であったが,日本語の「おめでたい」と同じようにひとりでいい気になっている人に婉曲話法として適用されているうちに,そのものずばりの〈愚かな〉という意味になってしまったとのことである。

　本来中立的な意味のことばが,ある特定のコンテクストの中で

ほとんど規則的によい意味か悪い意味かのいずれかだけで用いられるために，それがその語の副次的な意味として結晶するということがある。たとえば「天気」といえば，「晴」でも「曇」でも「雨」でも「天気」のはずである。しかし，「明日は天気だよ」と言えば，これは〈よい天気〉の意味である。逆に「今日ハ熱ガアル」と言えば，これは〈病的な熱〉ということで意味は悪いほうへずれている。もちろん「熱」自体は中立的な語であるし，生きている限りは何らかの「熱」があるはずである。同じように，「運がないな」と言う場合の「運」は〈幸運〉を意味しているし，一方，「もう年だね」などと言う場合は〈かなりの年齢〉という意味で好ましくないほうのニュアンスを含むのがふつうである。

英語でも〈運〉や〈運命〉を表す語のうち，fortune や luck は一応中立的（たとえば，a good luck とも a bad luck とも言える）であるが，形容詞形になった fortunate や lucky は〈幸運な〉ということしか表さない。一方，fate や doom はどちらかというと〈宿命〉というような感じの語であるが，関連する派生形の fatal, fated, fateful, doomed などはすべて暗い，悪いほうの運命を暗示する表現である。"I have a temperature." という表現は日本語の「熱がある」と同じ悪いほうへの意味のずれを示しているし，一方 make oneself a name のような表現での name〈名前〉は日本語の「名を成す」と同じように，よいほうの意味への傾斜を示している。

他にも，success はもとは〈結果〉という中立的な意味だったのが，その後〈よい結果〉，つまり，〈成功〉の意味に変わったもの，behave はふつうは〈振舞う〉という中立的な意味で使われるが，騒いでいる子どもたちに向かって "Behave yourselves!" と言えば，〈行儀よくしなさい〉ということである。〈見物〉の意味の sightseeing に含まれる sight はもちろん，並みの場所の意

味ではない。

3．連想の型に基づく意味変化の分類

類似性と近接性

　意味変化のタイプを〈一般化〉と〈特殊化〉に分ける場合にせよ，〈向上〉と〈堕落〉に分ける場合にせよ，行われているのは意味変化の出発点となった意味と到達点となった意味とを比較してみて，結果的に広くなったか，狭くなったか，あるいは，よくなったか，悪くなったかという論理的ないし倫理的な観点からの判断を下しているということである。そこには，意味変化というものがどのような契機によって引き起こされ，どのような過程を経て進行したか，といった点についての説明は何もないわけである。

　意味変化のきっかけを作り出し，その進行にある一定の方向をとらせるもととなっているのは，結局のところ，ことばを通しての人間の営み，とりわけ，意味を読みとったり，意味づけしたりする認知的な営みであるはずである。そうすると，意味変化の本質を探るためには，人間の認知的な過程との関連で考えてみるということが，どうしても必要になる。

　そのような方向への考察の出発点としてまず確認しておいてよいと思われることは，一般に語の意味が変化するとき，もとの意味（原義）と新しい意味（転義）との間には，ふつう何らかの連想関係があるということである。たとえば，〈石〉を表していた語が〈堅固さ〉や〈頑固さ〉を表すようになることはあっても，〈柔かさ〉や〈やさしさ〉を表すようになることはありそうもない。一方から他方が連想されるという関係があるからこそ，意味が一方から他方に変わりうるわけで，人間にとって何らの連想関

係もないところで意味の転移が起こるはずはないのである。そうすると，意味変化の型というものを，変化を媒介している連想関係の型によって分類することができるということになる。

ところで，〈連想〉(association) というのは，あることと他のことの間に何らかの関連性があると感じることである。心理学では，この連想のもととなる関連性をふつう2つの場合に分ける。その1つは〈類似性〉(similarity)，もう1つは〈近接性〉(contiguity) と呼ばれる。〈類似性〉は2つの物事が似ているということで，これは形状，色彩，材質，機能，構造などさまざまの面に関して認められる。〈近接性〉は2つの物事の間に特別に近い関係があるということで，その関係は空間的なものばかりでなく，時間的，あるいは因果関係的なものまで，やはりさまざまな場合がありうる。

連想実験が示す意味変化の4類型

心理学で連想実験と言われるものがある。言語を対象としたもっとも単純な形式のものでは，まずある語を〈刺激語〉として被実験者にごく短い一定時間提示し，その後決められた一定時間内に被実験者がその語から思いつく〈反応語〉を挙げて記録していくというものである。このような実験をすると，被実験者の挙げる反応語のうちには，類似性に基づいて連想されたものと近接性に基づいて連想されたものとが両方現れてくるのがふつうである。たとえば，刺激語が「白」であったとしよう（図5－5）。これに対する反応語の中には，おそらく「雪」，「雲」，「黒」などはたいてい含まれるであろう

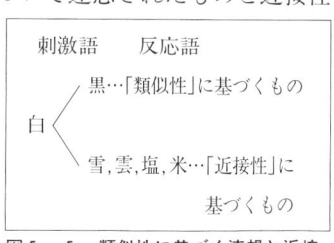

```
刺激語    反応語
       ┌ 黒…「類似性」に基づくもの
   白 ─┤
       └ 雪,雲,塩,米…「近接性」に
                     基づくもの
```

図5－5　類似性に基づく連想と近接性に基づく連想

と思われる。ところで，同じように反応語であっても，「雪」や「雲」の場合と「黒」の場合とではいくらか事情が違う。雪とか雲というものと白との関係は何かといえば，それらの対象が色が白いという属性をもつということである。別の言い方をすれば，雪とか雲があれば白いということがたいてい相伴って観察されるということ，つまり，両者は近接の関係にあるということである。

それに対し，「白」に対する「黒」の場合は両者の関係は近接ではない。これはいわゆる〈反意性〉の関係にある場合である。ところで，すでに見たとおり，反意性の関係にあるということは少なくとも両者が共通の次元の上に立っているという意味で，意味の類似性の1つの場合である。「白」に対して「黒」という反応はごくふつうであっても，「白」に対して「緑」というような反応は稀れであろう。「緑」は「白」に対してとくに近接の関係にも類似の関係にもないからである。

ところで，同じように「白」を刺激語とした連想実験で，「城」というような反応語が出てきた場合はどうであろうか（図5－6）。城の壁が白いという近接関係に基づく連想が働いたのかもしれないことは否定できないが，それよりもこの場合はどちらの語も「シロ」という形で（アクセントの違いはあるものの）近似的な同音語であるということが，より重要なきっかけになっているものと思われる。すると，これは類似性が問題になっている場合であるが，同じ類似性が問題になっている場合でも「黒」の場合とは異なる。「白」と「黒」

```
刺激語      反応語
     ┌ 城…語形の上での類似性
  白 ┤
     └ 黒…語義の上での類似性

     ┌ ナンバー…語形の上での近接性
  白 ┤
     └ 塩…語義の上での近接性
```

図5－6　語形の類似性と近接性

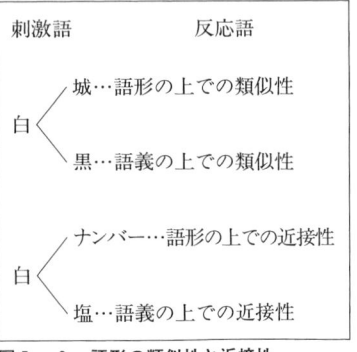

の場合は意味の上での類似性であったが,「白」と「城」の場合は語の音形上の類似性である。

同じような分化は近接性の場合についても考えられる。たとえば反応語として「ナンバー」というような語が出た場合はどうであろうか。一見,不可解な反応語と思えるかもしれないが,少し想像力を働かせば,このような反応語を出した被実験者の頭の中では「白ナンバー」という語が考えられていたのだと推定できよう。それではこの場合,「白」と「ナンバー」がどうして連想されたかと言えば,「白ナンバー」という語形でこの2つの語が近接しているということであろう。これは語形上の近接に基づく連想である。

2つ以上の要因が同時に働いていると推定できることもある。たとえば「雪」や「雲」はたしかに意味の上の近接を通じて,「白」と連想されるのであろうが,「白雪」や「白雲」という表現がかなり一般によく使われることをも考えると,語形の上での近接性に基づく連想が働いているという可能性もまったく否定はできないように思われる。「塩」のような場合だと,「白塩」というような言い方はあまりすることがないであろうから,語形上の近接に基づく連想の働く可能性は低くなる。

以上の議論からもわかるとおり,一方で〈類似性〉と〈近接性〉,他方で〈語形〉と〈語義〉という対立を立て,それぞれ組み合わせることによって,ことばを契機とする4つの連想の型,つまり,(1)語形の類似性に基づく場合,(2)語形の近接性に基づく場合,(3)語義の類似性に基づく場合,(4)語義の近接性に基づく場合,を区別することができ,意味変化もこの区分に従って分類することができるわけである(図5-7)。

	語形	語義
類似性	(1)	(3)
近接性	(2)	(4)

図5-7 連想の型

子どもの連想・大人の連想

　意味変化の分類の問題に入る前に,もう1つつけ加えておきたいことは,この4つの連想の型はどれも同じくらいふつうであるのではないということである。よく知られた1つの差は,子どもの場合は意味の近接性に基づく連想がかなり多いが,大人になるにつれて次第に意味の類似性に基づくものの比率が増加するということがある。たとえば子どもにとって,「母」に対しては「やさしい」,「お菓子」に対しては「食べる」といったような反応語がふつうである。これらはいずれも意味の近接性を基本として連想されているように思えるが,同時に「やさしい母」とか「お菓子を食べる」といったような表現を通じての,語形の近接性に基づく連想による強化もあるかもしれない。

　しかし,大人になるにつれて「母」に対して「父」,「オ菓子」に対して「ケーキ」といったような類似性に基づく反応が多くなってくる。この推移は,ある意味ではごく自然である。子どもの場合は,その生活経験はたとえば〈お菓子を食べる〉という具体的な場面や「お菓子を食べる」という具体的な発話と密接に結びついたものがほとんどである。一方,「お菓子」と「ケーキ」というのは具体的な場面や発話よりは語彙の構造（第2章参照）の中で成立している抽象的な関係であり,自分の言語能力への反省とか,論理的な思考能力の発達を待って初めて成り立つような結びつきという面のほうが強いと思われる。

　それから今度は,語形に基づく連想と語義に基づく連想を比べてみると,少なくとも大人の場合は後者のほうがはるかにふつうである。これもある意味では自然なことである。つまり,言語を使うのは語の意味を手がかりに情報の伝達を行うためであるから,使う人の注意は意味を担う語形よりも,担われる語義のほうへ向けられるからである。しかし,大人でも疲れて注意力の鈍ったと

きなど，語形による連想が正常な状態以上に増すと言われている。語の意味を読みとろうとする注意力の集中がえられなくなれば，語は単に感覚的に音ないし形として知覚されるだけとなるのであるから，これもごく自然な変化と考えることができよう。

以下，4つの意味変化の型をもっともふつうのものから取りあげていくことにする。

4．メタファー——語義の類似性に基づく変化

人体からの隠喩

意味変化の中でも，語義の類似性に基づくものはいちばんふつうの場合である。たとえば，机などについて「アシ」という語を用いるのは，人などについて「アシ」を用いることからの転用である。この転用のもととなっているのは，人間のあしと机などで「アシ」と呼ばれるものの間に見られるある種の類似性——たとえば形が似ているとか，全体に対してそれが占めている位置が似ているとか，あるいは支えるという機能の点で似ているとかいったこと——である。「クチ」という語が「出口」や「傷口」，「河口」などに用いられるが，やはり類似性に基づくもので，外に向かって開いていることに伴う形や機能の上での類似性が転用のきっかけになっている。人などの「テ」と「ヒトデ」や「トッテ(把手)」との関係は形の上の類似であろう。後者には握られるものというような連想もあるのかもしれない。修辞学では，このような類似性に基づく転用を〈メタファー〉ないし〈隠喩〉(metaphor) と呼んでいる。

人体の部分を表す語が他のものに転用されることは，どの言語でもかなり認められる。ただし，どの言語でも同じような転用ができるとは限らない。たとえば「机の足」(leg of a desk)，「釘の

頭」(head of a nail),「瓶の首」(neck of a bottle),「椅子の腕」(arms of a chair),「河口」(mouth of a river),「本の背」(back of a book),「針の眼」(eye of a needle)などは日本語と英語で並行した例であるが,英語のhands of a clock〈時計の針〉やfoot of a mountain〈山のふもと〉に対して日本語で「時計の手」とか「山の足」とは言わない。

これまで挙げた例からも想像がつくように,人間に関係した表現が人間以外のものに対して転用されるという例は多く見出される。このことは,人間は自分を世界の中心に置いてものを見るということを考えれば,当然予想されることである。その逆の例,つまり,本来人間以外のものについての表現が人間に対して適用される場合というのは,比較的少ないと言われる。たとえば,仕事などに慣れていない人のことを「新米」と言ったり,編集の主任のことを「主幹」,父親を家の「大黒柱」などと言ったりする場合である。英語などの場合も同じで,〈のどぼとけ〉のことをAdam's apple(エデンの園でアダムとエヴァが一緒に食べたというりんご,それとの形の上の類推から)と呼ぶような場合が比較的少ない例の1つとされている。

本来は具体的(つまり,感覚的に捉えることが可能)なものに対して用いられていた表現が抽象的な物事に転用されるというのも,よく見られる一般的な変化の方向である。mother of invention/「発明の母」, key to the solution/「解決への鍵」, road to success/「成功への道」, flame of love/「恋の焔」, glimmer of hope/「希望の光」のような場合で,形容詞(deep sleep/「深い眠り」, high price/「高い値段」, cold heart/「冷たい心」, calm feeling/「静かな気持ち」, solid argument/「しっかりした議論」)や動詞(jump to the conclusion/「結論にとびつく」, fall asleep/「眠りに陥る」, wander from the point/「論点から外れる」, reach an agreement/「合意に達する」, break a promise/「約束を破る」) にも例は多く見出せるし，上で挙げたように，英語と日本語で平行した使い方のできる場合も少なくない。

〈具体的〉なものから〈抽象的〉なものへという意味変化の方向も，やはり人間の心理的な傾向に根ざしているのではないかと思われる。幼児の言語習得の場合にも，すでに触れたとおり，まず習得されるのは直接身の回りのものとして感覚的に捉えられるような物事を表している語であるし，一般に抽象能力の発達は年齢が増すにつれて見られるということもある。それと同じような傾向が言語変化の場合にも認められたとしても，それほど不思議ではないわけである。

異なる感覚の間の平行性

意味の類似性に基づく転用で興味あるもう 1 つの例は，〈共感覚〉(synaesthesia) に基づくものである。ここで言う〈共感覚〉とは，異なる感覚の間で平行性が感じとられるということで，そのような平行性を踏まえて，一方の感覚についての表現が他の感覚に対して転用されるということが起こるのである。たとえば，「澄んだ水」と「澄んだ声」という言い方を比較してみよう。「澄んだ」という表現は本来視覚的な対象に適用される語であり，水も視覚的な対象となりうるという側面を備えているから，「澄んだ水」という表現は〈視覚〉→〈視覚〉というごくふつうの結びつきをなしている。一方，「澄んだ声」という表現では，声は聴覚的な対象であるから〈視覚〉→〈聴覚〉という構成になっていることになる。感覚の種類は異なっていても，視覚について「澄んだ」と言える場合の印象と聴覚に関してのある種の印象の間に平行性が感じられるということから，転用が起こっているわけである。同じように「甘い声」という場合は〈味覚〉→〈聴覚〉，「冷た

い声」では〈熱感覚〉→〈聴覚〉,「柔らかい声」では〈触覚〉→〈聴覚〉という転用が起こっているわけである。

　もう1つの例として,「色」という語を取りあげてみよう。この語は視覚に関係する。したがって,「明るい色」などという場合は〈視覚〉→〈視覚〉というごくふつうの結びつきであるが, 共感覚的な形でもいろいろと使われる。たとえば,「渋い色」は〈味覚〉→〈視覚〉,「冷たい色」は〈熱感覚〉→〈視覚〉,「柔らかい色」は〈触覚〉→〈視覚〉という結びつきになっているわけである。

共感覚的表現の普遍性

　共感覚的な表現は, 異なる言語間でかなり平行性を示すことが知られている (図5－8)。たとえば, 今までに挙げた日本語の例とほぼ平行して, 英語でも clear voice, sweet voice, cold voice, soft voice, harsh voice, あるいは cold colour, soft colour というような共感覚的な表現が可能である。それに, どのような感覚が他のどのような感覚に対して転用されるかということに関しても, 言語間の相違を越えて共通の傾向が見られるということが指摘されている。それは, より低い感覚からより高等な感覚への適用はふつうであるが, その逆は少ない, という原則である。ここで言う感覚がより高度であるとか低いとか言う場合, 高いほうから低いほうへ〈視覚〉,〈聴覚〉,〈嗅覚〉,〈味覚〉,〈熱感覚〉,〈触覚〉という順序が想定されている。(ただし, 共感覚との関連では, 視覚と聴覚の間はどちら向きの転用もふつうなので, 対等と考えるのがよいとされている。この上下というこ

図5－8　共感覚的表現

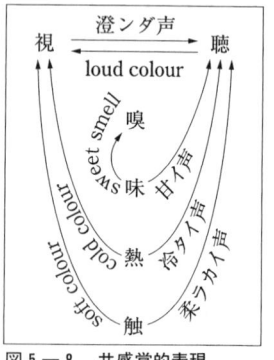

とに関しては、たとえば触覚のような感覚はアメーバのようなごく下等な動物でも存在しているが、聴覚や視覚となると、ある程度進化した動物でないとかなりの発達は認められないというような事情を考慮してみるとよい。）これまで挙げた「甘い声」、「冷たい声」、「柔らかい声」などの表現は、すべて下から上へ向かっての転用の部類に属する。「澄んだ声」は視覚と聴覚の関係する場合で、対等のものどうしという場合である（図5－8）。

上から下への転用は稀れということなのであるが、たとえばもしあるとすればどのような表現がそれに妥当するのか考えてみるとおもしろい。「明るい匂い」とか「やかましい味」というのがそれに相当する。前者は〈視覚〉→〈嗅覚〉、後者は〈聴覚〉→〈味覚〉という上位の感覚から下位の感覚へ向かっての転用である。「明るい匂い」とか「やかましい味」という表現の意味はわからないことはないが、何となくとっつきにくいという感じを与える。おそらく何か自然な心理の働きに抵抗するものがあるのであろう。もちろん、英語で bright smell とか loud taste などといった場合も同様である。（ただし、loud smell は loud colour と並んで英語では使われる表現である図5－9を参照。）共感覚というのは人間の知覚面での特徴であり、当然人間の文化的というよりは生物的な存在としての共通性が強く現れてくるのであろうから、その意味で異なる言語間に共通の共感覚的表現が出てきたり、どの感覚からその感覚に転用されるかという点に関して共通の傾向が認められたりしたとしても、とくに不思議ではないわけである。

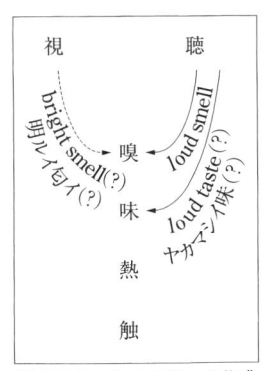

図5－9　上から下への共感覚的表現

いくつかの例外

　しかし，それでも言語間で差が出てくることもある。たとえば，日本語で「黄色い声」などと言うことがある。これはすぐわかるように〈視覚〉→〈聴覚〉という型の共感覚的表現である。しかし，英語には yellow voice などという表現はないし，かりに日本語にはそれに相当する表現があることを教えて意味をあてさせようとしても，〈かん高い声〉というような期待される答えはまずえられない。見当がつかないというのが一般的な反応のようである。逆に英語には loud colour という表現がある。日本語に直訳すると「やかましい色」ということになるが，日本語ではふつうそのような言い方はしない。しかし，意味は見当がつくのではないかと思われる。日本語の表現で言えば，「けばけばしい色」といった感じのものである。

　場合によっては，先ほどの一般原則では稀れなはずの型の共感覚的表現が慣用的に定着しているものもある。たとえば，日本語では「やかましい臭い」というような言い方はしないけれども，英語には loud smell という言い方があって嫌な強い臭みを表すのに用いられる。これは〈聴覚〉→〈嗅覚〉という下向きの稀れなはずの型に属する表現である。日本語の「白熱」という表現はおそらく英語の white heat の訳として成立したものであろうが，一応形式的には〈視覚〉→〈熱感覚〉という下向き型の共感覚的表現に見える。ただし，実際にはこれは白く輝くほどの高温の状態をそのまま捉えて表したものであるから，本質的には共感覚的な表現ではないのであろう。

5．メトニミー──語義の近接性に基づく変化

どのような意味で近接しているのか

人の「アシ」に対しての机の「アシ」というのはすでに見た意味の類似性に基づく転用であるが，「アシが速い」というような場合はどうであろうか。この場合の「アシ」は〈歩き方〉というような意味であるから，人の〈足〉と類似性の関係にあるとは言えない。両者の関係はといえば，〈足〉があれば〈歩き方〉が相伴うし，〈歩き方〉があれば当然〈足〉の存在が予想されるというように両者が共在の関係にあるということである。この近接性の関係に基づいて，〈足〉から〈歩き方〉への転用が生じたわけである。同じように，人の「クチ」と傷の「クチ」はすでに見たとおり類似性を通じて関係しているが，「クチが達者」というような場合は〈喋り方〉というような意味であるから，類似性ではない。この場合は，〈口〉と〈喋り方〉というものが相伴うものであるという近接性に基づいた転用が起こっているのである。修辞学では，近接性に基づく転用を「メトニミー」ないし「換喩」(metonymy) と呼んでいる（図5－10）。

空間的な近接性

近接性という関係はどのような意味で近接しているのかという観点から，さまざまな下位区分を設けることができる。もっとも基本的なものは，空間的な近接性であろう。

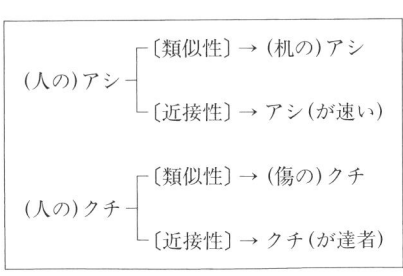

(人の)アシ ─┬─〔類似性〕→ (机の)アシ
　　　　　　└─〔近接性〕→ アシ(が速い)

(人の)クチ ─┬─〔類似性〕→ (傷の)クチ
　　　　　　└─〔近接性〕→ クチ(が達者)

図5－10 「隠喩」と「換喩」

イザヤ・ベンダサンの『日本人とユダヤ人』という書物には，日本人の話し手は「鍵」と「錠」という用語を必ずしも明確に区別しないことが指摘されているが，これも（日本の伝統的な家屋では，この種のものの使用が一般的でなかったことと相まって）空間的に両者が近接の関係でよく見出されるということが転用の基盤となっている。chair という語を〈司会者〉の意味で用いる（第1章5節参照）のは，直接的には chairperson の短縮として生じたことなのであろうが，いずれそのような経緯が意識されなくなれば，司会者の〈椅子〉とそこに座る〈司会者〉という空間的な近接による転用と受けとられるようになるであろう。

　着用するものと着用する人物という関係は空間的近接とも，また，後述の〈部分〉-〈全体〉の関係とも解することも可能であるが，童話の主人公の Little Red Riding Hood（あるいは，日本語に訳された場合の「赤頭巾」）という名づけ方，crown という語の〈冠〉から〈王〉の意味への転用などにも例が見られる。もっと細かく見れば，容器と内容（drink a cup, The kettle is boiling），土地と住民（the town〈町〉→〈町の人びと〉），首都と政府（Washington〈ワシントン〉→〈アメリカ政府〉），乗物と乗員（The trains are on strike）なども，空間的な近接関係によって特徴づけられている。

　最初に取りあげた日本語の「アシガ速イ」，「クチガ達者」といった類の転用では，身体部分とそれに近接して特徴的に認められる働き，機能という関係によって媒介されるものであった。同じ型の転用は，英語にも多く見られる（have a good eye/ear/nose, have a big mouth）。

　ある人たちに特徴的な服装がその人たちの名称になる（a redcap／「赤帽」, a white-collar (worker)／「ホワイトカラー」）のと同じように，ある人たちの習慣的な行為がその人たちの名称になっ

たり (a pickpocket/「スリ」, a guard/「守衛」), ある特徴的な属性がそれをもつ人たちの名称になったり (a beauty, a youth) することもある。習慣的行為がそれをする人の名称になるのとよく似た場合として, あるものの使われる用途を表す表現が, そのもの自体の表現に転用されることもある (a bookstand/「本立て」, a paper clip/「紙バサミ」)。

時間的近接性から因果関係へ

時間的な近接関係に基づいて転用の起こる場合もある。たとえば日本語の「寝る」という語は, 本来は〈横になる〉(英語で言えば lie down) の意味であろうが, 口語的なことば遣いでは, しばしば〈眠る〉(英語で言えば〈fall asleep〉ないし〈sleep〉) の意味で使う。〈横になる〉とふつう間もなく〈眠る〉ということが起こる。そのため, 前者の意味からそれと時間的な近接の関係にある後者の意味への転用が起こったわけである。英語の want という動詞はもともと〈(あるものを) 欠いている〉の意味であったが, このような状態では人はまもなく, その〈(あるものを) 欲する〉ようになるのがふつうである。このように考えれば, これも時間的な近接の場合とすることができる (図5-11)。また, 日本語の「おやつ」や「お三時」は, もとは「八っ時」とか「三時」という時間表現からきている。その時間になると出されるもののほうへの転用が起こったわけである。

2つの出来事が時間的に近接し

図5-11 時間的近接に基づく転用

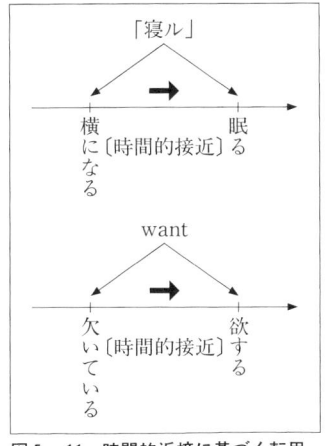

て起こった場合，しばしば先の出来事が原因となり，その結果としてあとの出来事が生じたと捉え直されることがある。そうなると，2つの出来事は因果関係で結びつけられているということになる。因果関係ともなれば，2つの出来事は文字どおりに時間的に近接している必要はない。100年前の出来事が原因となって，結果となる出来事が今起こるというのでもよいのである。そのような場合でも両者の間には特別に密接な関係があるという意味で，近接性の1つの場合と考えられる。ここでもさまざまな下位区分が可能である。たとえば，〈素材〉→〈製品〉(gold〈金〉→〈金メダル〉，本章7節も参照)，〈産地〉→〈産物〉(Bordeaux〈ボルドー〉→〈ボルドー産ワイン〉)，〈作家〉→〈作品〉(Shakespeare〈シェイクスピア〉→〈シェイクスピアの作品〉)などといった場合であるが，このあたりの換喩的な過程になるとほとんど転用という意識ももたれず，言語の違いを越えてごくふつうに起こっていることに注意しておくとよい。

　最後に，〈部分〉，〈全体〉という関係では，前者は後者の一部を構成するのであるから，両者の間には常に近接性の関係が想定できるわけである。しかし，〈全体〉は単なる〈部分〉の集合ではないと言われるとおり，両者の関係には単純な近接性以外の要因の関係してくることもあり，それに基づく転用に対しても〈シネクドキー〉ないし〈提喩〉(synecdoche)という名称が与えられて特別扱いされることがある。たとえば，「牛10頭」/ten head of cattle (head はこの場合は不変化)，「1頭当たり10ドル」/ten dollars per head のような場合，頭という身体の部分を指す表現が身体全体を指して使われている。「働き手」/(farm-)hands〈(農場)労働者〉なども，同類の例である。他に blade (〈刃〉→〈剣〉)，a fleet of ten sail (〈帆〉→〈船〉：複数で不変化) など，それから時間的な部分・全体の関係がかかわっている場合として，文語的な

表現としての「春秋に富む」や an old man of ninety winters のような例も考えてよい。1年のうちのある〈季節〉を表す表現が〈1年〉全体を指して使われているわけである。なお，また最近では，上位概念で下位概念を指すような転用（「卵」で実は〈鶏卵〉のこと，「くるま」で実は〈自動車〉のことを言う場合）や逆に下位概念で上位概念を指すような転用（「お茶の時間」と言って実はコーヒー，ジュースなど非アルコール系の飲み物を指す場面）を特に〈シネクドキー〉と言う使い方もある。

6．民間語源——語形の類似性に基づく変化

　これは，ある語がたまたまそれと形が似ている語との間に連想が生じ，その意味が後者の意味によって影響を受けるというような場合である。多くの場合，意味が完全に変わるというよりは，別な意味がさらに読み込まれるようになるという程度の変化である。

　日本語の場合だと，たとえば「ストライキ」になると乗物が止まるから「ストップ」という語と関係があるのではないかとか，「アンコール」の「コール」は〈呼ぶ〉の意味の call のことではないかなどと想像するといった場合である。（「アンコール」は，フランス語の encore〈もう一度〉に由来する語である。）このような例からもわかるとおり，もともと相互に関係のないことばであるのに，たまたま似た語形を有しているということから同じ語源に由来するのではないかと考えるという過程であって，「民間語源」(folk etymology, popular etymology) と呼ばれることがある。英語でも，mysticism〈神秘主義〉は mist〈霧〉と，noisome〈不快な，ひどい〉は noise〈騒音〉と，ballistic (missile)〈弾道（ミサイル）〉は ball〈ボール〉と，それぞれ連想する人が少なく

ないとのことである。

　これが進むと，想像される語源に合うように語形が修正されるということも起こる。asparagus〈アスパラガス〉が草との連想でsparrow grassという表現を生じさせたり，shamefast〈内気な：fastはsteadfastのfastなどと同じ〉がそのような人の表情との連想でshamefacedという語形を生んだりしたのは，そのような場合である。日本語の例として，チンパンジーが巧みな芸をするのを見た子どもが，それ以後はチンパンジーのことを「チンパンジン（チンパン人）」と呼ぶようになったというのも同じことである。

　sextet(te)〈六重奏団〉という語がsex〈性〉という語を連想させることも少なくないらしいが，このような連想が意識されると，もともと関係のない語のほうまでが使いにくくなるということも起こる。日本語でも，数字の「4」や「9」はそれぞれ「死」と「苦」との連想があるということで，使用を控えたりすることがある。旅館などで「4号室」や「9号室」が設けてなかったり，「シ」や「ク」と読む代わりに「ヨン」とか「キュウ」と言ったりして連想を避けるということも行われる。「忌詞」と言われるものには，この種のものがよく見かけられる。

　ときには因習や環境の変化を反映して，意味の解釈が変わってしまうということすらある。たとえば「ハナムケ（ノ言葉）」などと言う場合の「ハナ」は本来「鼻」であって，旅立ちに際して乗馬の鼻面を出かける方向へ向けたことを意味していたのであるが，おそらく現在ではこの「ハナ」は「花」と連想され，新婚旅行に出かける2人へ送られる花束などが想像されるのではないかと思われる。子どもたちの伝統的な遊びであった「ママゴト」も同じである。本来は「ママ」の部分は〈食事〉の意味であるが，今では〈お母さん〉の「ママ」との連想で，子どもたちはお母さ

んの仕事の真似をして遊ぶことという程度に感じているらしい。

7．省略あるいは伝染——語形の近接性に基づく変化

　日本語で，相手から受けた好意に対しあまり改まらない形でお礼を言うときに「ドウモ」という表現を使うことがある。「ドウモ」という表現自体は，このような場合〈たいへん〉というような意味の程度を強める言い方であろうから，これだけでは論理的には筋の通らないことば遣いである。もちろん，実際にはこの「ドウモ」は〈ありがとう〉という意味で使われているのであるが，このような意味で使えるのは，「ドウモアリガトウ」という言い方で「ドウモ」と「アリガトウ」という語形がたがいに近接の関係で頻繁に出てくるからである。「ドウモ」と言えばあとにくるのがだいたい見当がつくから，最後まで言わなくてもすむというわけである。

　「ドウモ」という表現は，お礼の場合だけでなく軽い失礼を礼儀的に詫びるというような場合にも出てくるが，その場合は「ドウモ失礼」，「ドウモスミマセン」のような言い方が想定されていると考えればよい。すでに見たとおり，日本語では「スミマセン」という表現で〈お詫び〉と〈お礼〉が重なるということが起こっており，その多義性がそっくりそのまま「ドウモ」の意味にももち込まれているわけである。（ただし，略式的な表現であることからして，深刻なお詫びの表現として使えないのは当然である。）英語の場合の別れの際の略式表現としての Bye, now! の bye も，正式の good-bye という形から同じようにして生じたものと考えることができる。

　英語にはこの型のわかりやすい例がいくつかある。たとえば，gold や silver という語は本来〈金〉や〈銀〉であるが，それが

〈金メダル〉や〈銀メダル〉という意味で使われることがある。この意味変化は，それぞれの語が gold medal, silver medal という形で使われているうちに，medal〈メダル〉の部分をいちいち言わなくても〈金メダル〉〈銀メダル〉の意味で了解されるようになるという経路で成立した。(もう1つの解釈は，5節で触れた〈素材〉→〈製品〉というメトニミーを通して，という考え方である。) 同じように，daily newspepar〈日刊紙〉という言い方で，いちいち newspaper のところまでを言わないで同じ意味を表すということが行われるようになって，daily は〈毎日の〉という意味から〈日刊紙〉という意味を生じさせたのである。この種の過程を経て成立した語の中には，もとの言い方が意識されなくなるくらい定着したものも多い。たとえば，general (← general officer), taxi (← taxicab ← taximetre cab) などがそうである。

例からもわかるとおり，語形の近接性に基づく意味変化の場合には，まず慣用的によく結合して用いられる言い方があり，次にその一部が省略され，その部分によって担われていた意味は残った部分に移されるという形で変化が起こる。その意味で，これを〈省略〉(ellipsis) による意味変化であるとか，〈伝染〉(contagion) による意味変化であるとか呼ぶこともある。日本語で「この辺には電話はありませんか」とか，「ロンドンを2枚ください」などと言う場合も，もともと「電話機」や「ロンドン行きのきっぷ」ということであるとすれば，一応この部類に入れることができる。ホテルで「シングルの部屋」と言えば，「シングル・ベッド」の意味での省略と考えることができよう。外来語で長すぎるものは，このやり方で勝手な短縮形が作られることがある。「スーパー」や「アパート」，「デパート」などは，本来なら「スーパーマーケット」(supermarket)，「アパートメント (・ハウス)」(apartment (house))，「デパートメント・ストア」(department store）という形で使われるはずのものである。〈教科書〉の意味で使う「テキスト」も，イギリス英語では「テキストブック」(textbook)と言わなくてはならないところである。

　しかし，さらに進んで日本語の「花見に行こう」とか「卵をください」などと言う場合の「花」や「卵」も今の場合に入れてよいかというと，かなり微妙である。この場合の「花」は〈桜の花〉，「卵」ならば〈鶏の卵〉かせいぜい〈うずらの卵〉あたりに決まっているわけであるが，厳密に語形上の近接性を介して意味変化が生じたというよりは，単に場面から判断される意味の部分が明示されないで表現されたものと考えるほうが妥当であろう。(なお，5節の〈シネクドキー〉について述べた部分も参照。) 英語でも，レストランでの注文で "Scrambled egg, please!" などと言う場合の egg の意味も，場面からして自動的に決まるはずである。

8．意味変化における話し手の役割

話し手の認知的ストラテジーとしてのメタファー

　意味変化のいろいろな型を見てきたが，最後に全体を通じて注意しておくべきことは，意味変化といっても別に言語がひとりでに変わっていくようなことではなく，そこではことばの使い手である人間がことばを介しての営みでどのように振舞うかがかかわっているということである。この点に関して，とくに2つの人間の振舞い方の側面を見ておきたい。その2つは，いずれも，ことばを使うという営みの中で，〈制度化された意味〉を越えて〈創出される意味〉が作り出されていくという過程にかかわっている。

　人間は，自らの経験内容をことばで表すという営みをする。その際，既存のことばで十分捉えられるような経験内容であれば，問題はないであろうが，もしそれを越える経験内容であったら，

どういうふうに対処すればよいのであろうか。新しい経験との出会い——個人的なレベルから人間全体のレベルに至るまで、さまざまなレベルで人間は常にそのような可能性にさらされているわけである。

1つの対処の仕方は、新しい意味をもった新しい語を作るということである。しかし、十分想像できるとおり、このようなやり方は一定の範囲内では有効であろうが、無制限に行うと、その言語の語の数が無限に増大し、ついには人間の記憶の域を越えて、コミュニケーションの手段として使いこなすことができなくなってしまう。

このような場合、実際にはどのような対処が行われているかといえば、多くの場合、既存の語を新しい事態を捉えるのに転用するというやり方である。転用を通じて語は新しい意味を獲得し、その結果、多義性の状況が生じる。しかし、本章ですでに見たとおり、原義と転義とは何らかの連想によって関係づけられているわけであるから、相互に無関係な意味の多義性で悩まされるといった状況にはならないわけである。

4節で見た〈メタファー〉的な意味変化は、その典型的な場合である。ことばの関与する場合に限らず、一般に経験的に新しい事態と遭遇した場合、人間のとる対処の仕方は、これまでの経験に基づいてすでに有している知識でもって新しい事態に意味づけてみようとすることである。たとえば、私たちが初めて外国で電車に乗るという状況を考えてみればよい。地元の人たちがどのように振舞うかを観察し、それにならって試みてみるというのが正当なやり方であろう。しかし、そのような余裕もないということであれば、たぶん私たちは日本では電車に乗るときにどのような手続きをするかという既有の経験内容を想起して、それに則って新しい事態にも対処できないかと考えるであろう。既有の知識の

〈フレーム〉で，新しい事態を捉えられないかと考えるわけである。ことばでもって新しい事態を捉えようとする際にも，既有の〈フレーム〉を転用する——これも，実はその1つの場合に過ぎない。

このように考えてくると，隠喩による転用は文学的な手法といったようなものではなく，人間の〈認知〉（cognition）におけるごく基本的な営みに他ならないということがわかる。そればかりではない。なぜメタファーがすでに見たとおり，人間から人間以外のものへ，具体的なものから抽象的なものへと，原則的に一方向へ働くのかということも理解できよう。私たちにとって人間は人間以外のものより，また具体的なものは抽象的なものより，それぞれ，より多く身近な，よりよく把握できている存在であり，だからこそそれらについての既有の知識枠でもって意味づけ，自らの認知世界を拡げていこうとする——これは，ごく自然な人間的な営みなのである。人間は1つにはこのようにして，〈制度化された意味〉を越えて新しく〈創出される意味〉を生み出していく。

日常的な経験と結びついたメトニミー

今度は眼を転じて，現実にことばを使用する具体的な過程で使い手である人間が認知的にどのように振舞うかを考えてみると，メタファーによる転用と並んで，メトニミーによる転用がどうしてあのように多く起こりうるのかが理解できる。第1章でも触れたとおり，現実のコミュニケーションの場面では，ことばの使い手は使う語と結びついている〈制度化された意味〉以上の意味内容を読み込んだり，読みとったりして語を使うものである。このような状況が繰り返されているうちに，もともとは特定の場で，語の〈制度化された意味〉を越えて，読み込まれたり，読みとら

れたりした意味内容に過ぎなかったものが，その語の別なもう1つの〈制度化された意味〉として定着していくということが起こる。

　本章の7節で触れた日本語の「花見に行く」，「卵を買う」といった表現で起こっている意味の特殊化は，まさにそういう場面であった。「車」という語が現在ではもっぱら〈自動車〉の意味で解されるというのも，同じ過程である。英語の例で言えば，本来〈学校〉を意味する school という語が（go to school〈学校に行く〉というような場合を仲介にして）〈授業〉という意味をもつようになるのも，学校は勉強をしに行くところという私たちの経験，ないしは知識に基づく読み込み，読みとりがあるためである。あるいは，動詞から派生され，本来〈結論すること〉を意味する conclusion という語が，〈結論（の内容）〉そのものを指すようになるのも，同じ過程である。さらにまた shoot が〈撃つ〉という意味から〈射殺する〉という意味への移行を見せるのも，撃たれ（そして当たれ）ば，死ぬ可能性が大きいという私たちの読み込みや読みとりが shoot という語の意味として定着しつつあるわけである。この種の読み込みや読みとりはごく自然に介入する認知的過程であるので，これもすでに指摘したとおり，話し手自身がそのようなメトニミー的過程を意識しないことも多い。

9．文法化——語彙的な意味から文法的な機能へ

　1つの語の長い歴史の中では，上のようなメタファー的，メトニミー的過程が入れかわり立ちかわり介入して意味が変化し，それに伴って語の機能まで変化するということが起こる。この関連でもっとも興味深いのは〈文法化〉(grammaticalization) と呼ばれる変化の過程——つまり，もともと語彙的 (lexical) な意味を

有していた語が，次第に文法的 (grammatical) な機能を果たす語として変貌していくという過程——である（図5−12）。たとえば，front という語の文法化の過程はおもしろい。この語はまず，〈人間の額〉という意味から出発する。次に，この語は〈人間の額〉に対応する〈ものの前面〉を指すという形でメタファー的に転用される。その次に，〈ものの前面〉に近接する空間，つまり，〈ものの前方空間〉を指すという形のメトニミー的転用が起こる。この意味では，最初は in the front of (something)〈（あるものの）前方空間で〉という形で使われていたのが，次第に空間的位置関係の表現として慣用化し，in front of (something) という形で，front は名詞性の表示である the を落とし，全体として1つの前置詞相当の表現として熟語化する。〈額〉という語彙的な意味をもった名詞から，位置関係の表示という文法的な機能を有する前置詞になる——こういう文法化の過程を完遂したわけである。

日本語でも，現在は格助詞の「へ」という語は，もともとは「辺」という名詞から文法化の過程を経て生じたものと考えられている。〈中心から離れたところ〉，〈遠いところ〉を意味する名

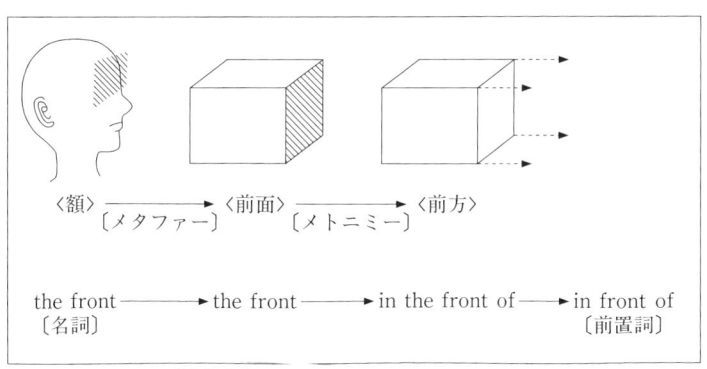

図5−12 front の「文法化」

詞から，〈遠いところへ向かって〉，〈あるところへ向かって〉というふうに助詞化していったと想定されている。

対照言語学的に興味深い例で言うと，英語の前置詞を日本語に置き換える際には，誰しも気づくとおり，しばしば動詞的な表現が対応させられるということがある。たとえば，go *across* the field—「野原を横切って行く」, stand *along* the street—「街路に沿って立つ」, set out *for* the moon—「月へ向かって出発する」, behave friendly *towards* strangers—「知らない人に対して友好的に振舞う」, talk *about* politics—「政治について語る」, be destroyed *by* the enemy—「敵によって破壊される」といった場合である。

すぐわかるとおり，どの場合も英語の「前置詞」に日本語の「動詞の連用形＋テ」が対応しているわけであるが，対応する日本語の表現のほうにどれくらい動詞らしさが感じとれるかについては，場合によって明らかに差がある。「横切って」や「沿って」のようにすぐ動詞の活用形が関係しているのが感じとれるものがある一方，「ついて」や「よって」は動詞の活用形という感じはほとんど失われている。「へ向かって」や「に対して」は，その中間あたりという感じであろう。しかし，もちろん「ついて」には動詞「つく（付く，就く，など）」の連用形，「よって」には動詞「よる（依る，因る，寄る，など）」の連用形がそれぞれ含まれているわけである。そして，この場合の動詞らしさの意識の程度は，これらの本来は動詞として〈語彙的〉な意味内容をもっている語が〈文法的〉な機能中心の語に変貌していく過程で，どのあたりに位置しているかを示していると考えればよい。

第6章 言語の普遍性と相対性

1. 自然な表現・不自然な表現

同じ出来事の違った表現の仕方

　私たちは日常，さまざまな場面でさまざまな〈コト〉を経験し，それをことばで表して他の人にも伝えるといった営みをしている。生まれて以来，いつの間にか自分の身についてしまった母語の場合であれば，そのような過程は（特別な事情が絡んでいるのでない限り）ごく当たり前のように，ほとんど無意識のうちに進行するようにも思える。ことばがまるで自分自身の身体の一部になってしまい，手足を動かすのと同じくらい思うまま自由に操ることができるというのが私たちの印象である。しかし，まだ馴れない外国語を使って同じようなことをしようとすると，同じようにはとてもいかない。使い慣れない道具をぎこちなく操りながら，頭の中でいかにも文を組み立てているという意識をもたされる。

　身についた母語と頭で覚えただけの非母語の間で，私たちが運用の際に気づく違いはただそれだけのことではない。ことばというものに対する興味ということで，それにも劣らず私たちを印象づけるのは，同じ場面で同じ〈コト〉を経験していると思える場合でも，用いる言語が違うと，それぞれの違う言語の話し手がもっとも自然に創り出す表現の仕方は必ずしも同じではないということである。

一般に同じ〈コト〉であれば、どの人によっても同じように経験され、したがって、人が違っても、そしてたとえ使用する言語が違っても、同じような表現の仕方がされておかしくないと思えるかもしれない。少し考えればわかるとおり、実際には決してそうではない。同じ〈コト〉であっても、それをどういう視点で捉えるか、そのどの部分にとくに焦点を当て、どの部分に焦点を当てないか——話し手の側のこうしたスタンス次第で、同じ〈コト〉であっても、ずいぶん違った形で認識され、その違いを反映する違った〈意味〉の表現として言語化されることになる。たとえば(1)のa)とb)、(2)のa)とb)はそれぞれ同じ〈コト〉の言語化としていずれもありうる表現である。

(1)　a)　太郎が次郎をなぐった。
　　　b)　次郎が太郎になぐられた。
(2)　a)　太郎がコップを割ってしまった。
　　　b)　コップが割れてしまった。

つまり、話し手は言語化しようとする〈コト〉の中に含まれるおよそさまざまの要因のうちで、どれを取りあげて言語化するか、どれを取りあげないで言語化しないでおくか（たとえば、(2a)は〈太郎〉も〈コップ〉も言語化しているが、(2b)は——もしかしたら、太郎にコップを割ったことに対する責任を積極的に取らせないようにという配慮からして——まるで〈コップ〉がひとりでに割れてしまったかのように、言語化されているのは〈コップ〉だけである）、あるいは、言語化しているという点では同じでも、それを文中の目立った位置に立たせて焦点化するか、あるいは、目立たない位置に立たせて焦点化しないでおく（たとえば、(1)では〈太郎〉も〈次郎〉も同じように言語化されているが、文中の主語の位置に置かれて〈題目〉としての役割を負わされているのは(1a)では〈太郎〉、(1b)では次郎の方である）という点で、同じ〈コト〉ではあるがそ

の捉え方の違いが表現の仕方に反映されている。つまり、ある〈コト〉の意味は認識の対象とされる客観的な事態そのものに内在するのではなく、それをどう捉え、どう言語化するかという営みを通して、話し手によって主体的に創出されるものであるということである。

言語によって異なる「好まれる言い回し」

　話し手がある事態の言語化に際してそれをいくつかの違ったやり方で捉え、それに応じて違ったやり方で言語化する——話し手がこういう選択肢を有しているということは、話される言語がどのようなものであろうと、すべての言語の話し手について共通に言えること、つまり、人間の言語の話し手にとって〈普遍的〉に妥当すること、と言えよう。しかし、その上で、ある事態の把握に際して話し手がいくつかの可能な選択肢のうちのどれをもっともふつうに選ぶかということになると、異なる言語の話し手の間で選択の好みが違うということがしばしば起こる。次の(3)と(4)では、同じ状況で日本語の話し手はa)の表現、英語の話し手はb)の表現をするが、a)とb)とを較べてみれば明らかなように、同じ〈コト〉が違ったやり方で捉えられている。

　(3) 〔どこからか不快な臭いがただよってきて〕
　　　a) この嫌な臭いは何だろう。
　　　b) What is that disgusting smell?
　(4) 〔ある戦死者のことについて〕
　　　a) 彼は戦争で死んだ。
　　　b) He was killed in the war.

英語の話し手は、日本語に直訳してみると、(3)では「あの嫌な臭いは何だろう」、(4)では「彼は戦争で殺された」といった言い方をしているわけであるが、このような表現の仕方は日本語の話し

手にとっては，想定されている内容を伝える表現としてはとても〈自然〉とは思えない。逆に英語の話し手は，それぞれの場合に "What is this disgusting smell?" とか，"He died in the war." と言うとしたら，意味はわかるけれども何かそぐわない表現という印象をもつであろう。どちらもある同じ〈コト〉について言っている表現であっても，話す言語が違うと，それぞれの言語の話し手が好んで採る表現の仕方は必ずしも一致しないということである。この場合も，それぞれの言語の話し手にとっては母語としての表現はしっかりと自分の身についてしまっているものとして〈自然〉に感じられ，異なる言語を母語とする話者による表現の仕方は何かそぐわない〈不自然〉なものという印象を与える。

idiomatic な表現と stilted な表現

上では表現の仕方について「自然な」という言い方をしてきたが，このような意味での「自然な」という言い方はことばの表現だけでなく，表情や身振りなどもっと広い適用範囲をもっている。(英語の 'natural' という語についても同じことが言える。'natural English' は〈英語らしい英語〉ということである。) 同じ意味で，もっとことばについてだけ適用される語として，英語には 'idiomatic' という語がある。辞書では，次のように定義されている。

> **idiomatic** = 'typical of the natural way in which someone speaks or writes when they are using their own language' (*LDOCE*)

つまり，問題の場面でその言語の話し手がもっともふつうにするであろうような言い回し，あるいは，言い換えると，いちばんその言語らしい表現，になっているということである。ことばの使い方について idiomatic のほぼ反対の意味を表す語は 'stilted' である。

stilted='a stilted style of writing or speaking is formal and unnatural'（*LDOCE*）

つまり，〈こなれていない〉，〈ぎこちない〉，要するに〈不自然〉な言い回しということである。逆に，言い回しについて〈こなれた〉とは idiomatic ということであり，「こなす」という動詞——「技能などをすっかり身につけて，無理なく扱う」（『新明解国語辞典』）という意味の語——に由来している。

　たとえば，次に挙げる(5)のような文は，*LDOCE* の編集者が stilted と評する例文である。

(5)　It is absurd of you to accept such a proposal.

stilted という印象はどこから来るのであろうか。まず，この文が綴りや句読法（あるいは，話しことばの場合なら，発音の仕方）に関してはまったく問題なく使われているということは大前提である。その上で，(5)には文法上の問題もないし（"It is kind of you to ...." という形で教えられるのと同じ文型である），話法の上でも問題はない。（たとえば accept a proposal〈提案を受け入れる〉のは，対応する日本語の表現と同様，ごくふつうのコロケーションである。）問題は，語法や文法を越えたところにあるということであろう。

　(5)のような場合だと，まず absurd は，意味は 'completely stupid or unreasonable' で，類義語は ridiculous という辞書の記述からも読み取れるとおり，たいへん強い感情的なニュアンスを伴った語であり，話し手が〈呆れ果てた〉とでもいった気持を抱えていることを窺わせる。このニュアンスと呼応するように，後半の such a proposal という such を選んだ言い方も（this/that proposal といった表現と較べて）感情的な気持（日本語の「コノ／ソノ人」に対して「コンナ／ソンナ奴」といった言い方も参照）を含んでいる。その上で，"It is absurd of you to ...." という文型自

体，やや堅苦しい形式ばった言い回し（たとえば，"Do have another."（もう1つどうぞ）と勧められて"That's very kind of you."と答えて感謝の気持を表すことはできるが，たいへんあらたまった形式ばった言い回しで，ふつうなら"Thank you."と言えば十分なところ）である。この種の表現も然るべき場面で使われれば別に違和感を抱かせるものではない。しかし，辞書の例文にはいちいち場面の説明はつけてないから，読み手はごく日常的な特別でない場面を想定して読む。そうすると(5)のような文は，いかにも〈不自然〉な印象を与えるということである。

言語間の相対性

上の例からもわかるように，表現が〈自然〉か〈不自然〉かという感覚は，〈文法〉や〈語法〉といった狭い意味でのことばの決まりを越えたところで働いているように思える。よく母語が違うと〈発想〉も違うといった趣旨のことが言われるが，おそらくそのようなレベルでの違いがかかわっているのであろう。たとえば，文化が異なると挨拶の仕方が異なるということがある。そして，そのような場合，自分の馴れ親しんでいる挨拶の仕方はもっとも〈自然〉に思えるが，他の文化の違う挨拶の仕方は〈不自然〉としか思えないということがよくある。同じ状況であっても，それにふさわしいidiomaticな言い回しが言語間で違うというのも，それと同じことかもしれない。そういう感覚はそれぞれの言語の話し手の身についてしまっていて，自分たちのする言い回しこそがもっとも〈自然〉だと思い込んでいるとするならば，このあたりに私たちは言語間の〈相対性〉（relativity）という興味ある問題を見出すことができるのではないかと思われる。

2. 言語間の表現の好みの差

英語話者好みの表現と日本語好みの表現

「〈自然〉(あるいは,〈不自然〉)な表現」とか,「〜語らしい(あるいは,〈〜語らしくない〉)」といったことは,私たちがただ母語の世界の中だけに住んでいる限りでは気のつかないままやり過してしまいがちであるが,母語以外の言語を経験する機会ができると,誰もが感じとれることである。同じ状況について語る場合でも,言語が違うとそれぞれの言語の話し手の採る言い回しは必らずしも同じになるとは限らない。それでいて,それぞれの言語の話し手は自分のする言い回しがもっともその場にふさわしい,いちばん〈自然〉な言い方だと思い込んでいる。私たちも,日本語以外の言語に接することを通じて,その種の具体例との出会いを経験する。たとえば,日本語と英語との間でそのような対比が経験される場合を次にいくつか取りあげてみよう。

(1) 〔自分の子どもの数について〕
    a) "I have two children."
    b)「(私には) 子どもが2人います。」
(2) 〔部屋の窓の数について〕
    a) "This room has two windows."
    b)「この部屋には窓が2つあります。」
(3) 〔頭痛を訴えて〕
    a) "I have a headache."
    b)「(私は) 頭が痛い。」
(4) 〔ある人の自殺に言及して〕
    a) "He hanged himself."
    b)「(彼は) 首を吊った。」

(5) 〔風呂に入って〕
　　a) "He washed himself."
　　b) 「(彼は) 身体を洗った。」
(6) 〔夜空を見上げて〕
　　a) "I see several stars."
　　b) 「星がいくつか見える。」
(7) 〔戸外の風の音に耳を澄ませて〕
　　a) "I hear the wind."
　　b) 「風の音が聞こえる。」/「風の音がする。」
(8) 〔財布を盗まれたことを届け出て〕
　　a) "Someone stole my wallet."
　　b) 「財布を盗まれました。」
(9) 〔発音の仕方を教えてもらって〕
　　a) "Thank you for teaching me how to pronounce the word."
　　b) 「(その語の) 発音の仕方を教えて下さって，ありがとう。」
(10) 〔春の近い季節になって〕
　　a) "It's getting warmer day by day."
　　b) 「日ごとに暖かくなってくる/いく。」
(11) 〔結婚の予定を人に知らせて〕
　　a) "We are getting married."
　　b) 「私たちは結婚することになりました。」
(12) 〔戦死した人のことを話題にして〕
　　a) "He was killed in the war."
　　b) 「彼は戦争で死んだ。」
(13) 〔思いがけない知らせに驚いたことを伝えて〕
　　a) "I was surprised at the news."

b)「知らせを聞いて驚きました。」
(14)　〔思いがけない所で思いがけない人に会って〕
　　a)"Hello, John. What brings you here?"
　　b)「やあ，ジョン。どうしてこんな所に来てるの。」
(15)　〔必ず効くと思われる薬をもってきて〕
　　a)"This medicine will make you feel better."
　　b)「この薬で気分がよくなるでしょう。」
(16)　〔間違いなく問題のドアを開けられる鍵を持ってきて〕
　　a)"This key will open the door."
　　b)「この鍵でドアが開くでしょう／ドアを開けられるでしょう。」
(17)　〔道に迷って人に尋ねるときに〕
　　a)"Where am I?"
　　b)「ここはどこですか。」
(18)　〔電話でのやりとり〕
　　a)"May I speak with Mr. Jones?" "Speaking. /This is he."
　　b)「ジョウンズさんとお話しできますか。」「私です。」
(19)　〔他に誰もいない部屋の中の様子を誰かに伝えて〕
　　a)"Nobody's here except me."
　　b)「(ここには) 誰もいません。」
(20)　〔a_1 は民話「赤頭巾」の最初の英訳 (1729)，a_2 は民話「赤頭巾」を下敷にした現代のパロディ (1955)，a_3 は現代の英語訳 (1993)。いずれも祖母になりすました狼が祖母を訪ねてきた赤頭巾と交わすやりとり〕
　　a_1)"Who's there?"..."Your granddaughter, Little Red Ridng Hood, who has brought you a custard pye and a little pot of butter...."

a₂) "Who's there?"..."Little Polly Riding Hood... come to see her dear grandmother, with a little present of butter and eggs...."

a₃) "Who's there?" "It's your granddaughter, Little Red Riding Hood.... I've brought you some biscuits and a little pot of butter...."

b)「誰なの？」…「おばあさんの孫娘の赤頭巾よ。おばあさんにビスケットとバターの入った壜(びん)をもってきたの。」

日本語は〈BE 言語〉，英語は〈HAVE 言語〉

まず，(1)と(2)はどちらも〈BE 言語〉対〈HAVE 言語〉と呼ばれる対比にかかわる例である。〈BE 言語〉とは，〈所有〉の関係を表示する際に，本来は〈存在〉を表すのに使われる動詞（英語の be に相当する動詞，日本語の場合なら「アル」や「イル」）を用いる言語，〈HAVE 言語〉とは同じ場合に本来なら〈所有〉を表す動詞（英語の have に相当する動詞，日本語の場合なら「持ッテイル」）を用いる言語，ということである。

(1)では自分のもっている子どもの数について，a) は〈所有〉の動詞 (have) で，b) は〈存在〉の動詞 (「イル」) で表現している。つまり，英語は〈HAVE 言語〉であるのに対して，日本語は〈BE 言語〉ということになる。(1b) と (2b) とを較べてみると，用いられている文型（〈～には～がいる〉）は同じであることがわかる。つまり，日本語では，本来 (2b) のように〈存在〉を表す文型が (1b) では〈所有〉を表すのに転用されているわけである。もともと〈ある場所に，あるものが存在する〉という形式の表現が〈私という場において，2 人の子どもが存在する〉という捉え方で実は〈所有〉を表現しているのである。

英語のほうは，(2a) と (1a) と較べてみるとわかるとおり，

表現形式 表現内容	〈存在〉	〈所有〉
〈存在〉	この部屋には窓が2つある ⇓	This room has two windows. ⇑
〈所有〉	私には子どもが2人いる	I have two children.
	〈BE言語〉	〈HAVE言語〉

図6−1

用いられている文型（〈... HAVE ....〉）は同じである。つまり，英語では本来（1a）のように〈所有〉を表す文型が（2a）のように〈存在〉を表す表現としても転用されているということで，もともと〈あるものがあるものをもっている〉という形式の表現が〈部屋というものが2つの窓をもっている〉という捉え方で〈存在〉を表現しているのである。日本語のような〈BE言語〉では，〈存在〉の表現が拡張されて，〈所有〉の表現がそこに取り込まれているというのであるのに対し，英語のような〈HAVE言語〉では，〈所有〉の表現が適用範囲を拡げて，〈存在〉までも取り込んでいるというわけである（図6−1）。

〈BE言語〉から〈HAVE言語〉へ

興味深いことに，文献で辿れる限りの人間の言語の歴史の中では，もともと〈BE言語〉であったものが，あとになると〈HAVE言語〉に移行する顕著な傾向があったことが確認されている。たとえば，ラテン語は日本語と基本的に同じ（1b）のような表現をしていたが，そこから派生したフランス語などの現在のヨーロッパの諸言語では英語と同じ（1a）のような表現がされるのがふつうである。（ただ，ロシア語のように保守的な傾向の強い言語では，今でもなお日本語と似た（1b）のような表現がなされ

る。)

　〈BE 言語〉から〈HAVE 言語〉への移行ということの背後には，何か意味を読みとることができるのであろうか。まず〈存在〉という概念と〈所有〉という概念との間には，密接な関係がある。両者をつなぐのは〈近接〉という概念（第5章参照）である。私たちはある人のそばに（つまり，その人に〈近接〉して）ある特定のもの（たとえば，特定のカバン）が常に見出されるといった状況を繰り返し経験すると，両者の間には何が特別な関係（とくに〈所有〉と呼べるような関係）があるのではないかと推論する。つまり，カバンはその人の〈所有物〉であって，その人のほうはそのカバンの〈所有者〉であるという関係である。（多分，〈所有〉ということについての原体験はこういったものであると思えるが，〈所有〉の概念が独り立ちして拡張され始めると，文字どおりの空間的な意味での〈近接〉という条件は必須でなくなり，ある人が自分では一度も実際には見たこともない遙か遠くに存在するものでも〈所有〉物と称することができるという状況も生じてくる。）ただし，おもしろいことに〈所有〉という概念の成立のためには，関係する2つの項がどちらも人間以外であっては駄目である。たとえば，私たちは机に近接して椅子が存在するという状況に接することはしばしばあるが，だからといって，〈机〉が〈椅子〉を〈所有〉するという発想はしない。

　このように見てくるとわかるとおり，〈所有〉は〈人間〉という項に焦点を当て，それを顕在化している概念である。〈所有〉の関係が〈存在〉の表現形式で捉えられるという場合は，〈人間〉は〈(あるものの存在する) 場所〉としての把握にとどまる。文法的にも〈人間〉を表す項は副詞的な機能の句の中に含められていて，文全体を統括するような働きは託されていない。

　一方，〈HAVE 言語〉を特徴づける〈所有〉の表現形式におい

ては,〈人間〉を表す項が主語として前景化され,HAVEという他動詞を介して所有物を表す項を直接目的語としてとり,〈所有者〉としてそれを直接支配する主体という構図で捉えられていることになる。その意味では,〈HAVE 言語〉において〈人間〉という項を主語として立てるという形での〈所有〉の表現形式が成立したということの背後には,人間はさまざまなものを自らの支配下に置いて扱う主体であるという意識——こういった意識の高まりを読みとることは不可能ではなかろう。

　日本語も将来いつか〈HAVE 言語〉になってしまうであろうか。もちろん,確実にそうなると予言することは不可能であろうが,他方,遠い遠い将来にそういう可能性がまったくないとも言い切れない。かつてはお伽話の冒頭では,「むかし,むかし,あるところにおじいさんとおばあさんがありました」と語り始めるのがふつうであった。しかし,〈おじいさん〉や〈おばあさん〉は単なる〈モノ〉ではなく,〈人間〉であるという意識が働くのであろう,いまでは「いました」と言うのがふつうになっている。他方では,英語など欧米系の言語からの翻訳に由来すると思われる「会合をもつ」,「経験をもつ」など,HAVEと平行した使い方がかなり定着してきつつあるようにも思えるのである。

身体表現の対照性

　(3)は前節で扱った〈BE 言語〉対〈HAVE 言語〉という違いにもかかわる例である。(3a)は,頭痛がするという状態を〈HAVE 言語〉に特徴的な〈... HAVE ....〉という表現形式で捉えている。一方,(3b)は少し拡充して「(私においては)頭が痛い(という状態がある)」と直してみれば,〈ある場所に,あるものが存在する〉という〈BE 言語〉を特徴づける言い回しになっていることが十分読みとれる。

本節で取りあげたいのは，上のような事情とも関連して，同じ状況を言語化していながら，英語のほうでは再帰代名詞を用いるのに対して，日本語では「自分自身」というような言い方をせず，せいぜい〈身体〉とか，〈頭〉，〈首〉といった〈身体部位〉を表す表現で処理するということである。この対立は下の表に見られるように，他に対して働きかけるという意味合いでの行為動詞に関しては，かなり体系的に認められる。（もう1つの目立つ対応の仕方は，英語が再帰動詞，つまり他動詞＋再帰代名詞を使うのに対して，日本語は自動詞1つで処理するという場合である。これは当座の問題ではないので取りあげないが，後のworryについての議論を参照。）

　たとえば，"He hanged himself." や "He washed himself." といった文は "He hanged the robber." とか "He washed the boy." といった他者への働きかけを表す文と表現の形式はまったく同じであり，hang や wash という語の他動詞としての使い方もそれぞれの2つの文ではまったく同じである。ということは，再帰代名詞を用いている表現でも，再帰代名詞として表されている〈自分自身〉は行為を蒙る対象としての〈他者〉並みに扱われているということである。本章の後半でまた別の点との関連でも取りあげることであるが，英語の話し手は自分自身を客体化し，他者として捉えてみるという心理的な操作に関しては，日本語の話し手と較べると，はるかに抵抗感なくやってのけることができるように思える。

　一方，「自分を吊る」とか「自分を洗う」とい

〈再帰代名詞〉対〈身体（部位）〉
bend oneself－身体を曲げる
choke oneself－のどを詰まらせる
hang oneself－首を吊る
kill oneself－命を絶つ／自殺する
shave oneself－ひげをそる
stretch oneself－身体／手足を伸ばす
wash oneself－身体を洗う

った表現に対する違和感にも反映されているとおり，日本語の話し手にとっては自己は自己であり，自己を容易に他者化することにはかなりな心理的困難が感じられているように思われる。

2種類の知覚表現

　私たちは外からの刺激を感知すると，その刺激の意味を判断し，それに従って適切な反応をとるという営みを行っている。人間は身体に備わった何種類かの感覚器官を通じて外からの刺激を感知する。人間の場合，それらいくつかの感覚器官の中でも視覚と聴覚にかかわるものがもっとも発達していて，この2つの器官を通して私たちが受けとる情報の量は，それ以外の経路（たとえば，嗅覚や味覚）を通して得る情報の量と較べても，圧倒的に多い。

　視覚と聴覚を通しての営みはそれぞれ〈見る〉と〈聞く〉ということであるが，その言語化の仕方については〈見る〉，〈聞く〉いずれの場合にも，2つの場合が区別されることが多い。1つは外からの視覚的ないし聴覚的な刺激が感覚器官に到着して感知されているという段階で捉えているもので，この場合には視覚ないし聴覚の営みの主体としての人間は，刺激の〈到着点〉ないしは，刺激の受容される〈場所〉として言語化される。

　もう1つは，視覚的ないしは聴覚的な注意を意図的に外へ向けて発し，何らかの刺激源を捉えようとするもので，この場合，視覚ないし聴覚の営みの主体としての人間は，他者に

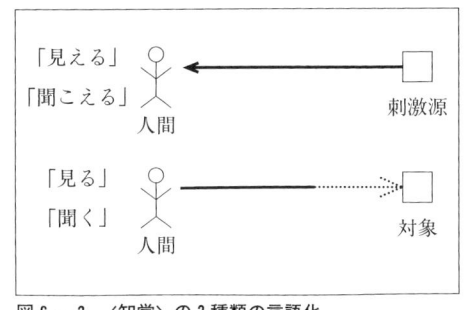

図6−2　〈知覚〉の2種類の言語化

働きかける〈動作主〉として言語化されることになる（図6－2）。

　日本語の「見える」/「聞こえる」と「見る」/「聞く」という対立は，比較的よくこの区別を捉えているように思える。すなわち，「星が見える」，「風の音が聞こえる」といえば，すでにそれが感知されているということであり，知覚の主体としての人間も言語化されるとすれば，「私に星が見える」，「私に風の音が聞こえる」というように，「私」には助詞「に」が伴って，刺激の〈到着点〉として表示されている。

　一方，「私が星を見る」，「私が風の音を聞く」といえば，〈見える〉ないし〈聞こえる〉という状態に達するべく，刺激源のほうへ意図的に注意を向けるという感じである。知覚の主体としての人間はこの場合は自らの意図に従って行動する〈動作主〉であり，主語として言語化され，無意図的な「見える」，「聞こえる」の場合とは違った構文で用いられる。

　日本語では違った構文で言語化される，〈知覚〉の2種類の違った把握の仕方は，英語では違った語彙項目を選択するということによって区別される。おおまかに言って，「星が見える」，「風の音が聞こえる」に対応するのは "I see a star.", "I hear the wind." で，「星を見る」，「風の音を聞く」は "I look at a star.", "I listen to the wind." である。通常 see や hear は「見える」や「聞こえる」のように意図性は含まない（したがって進行形で用いられることは稀である）が，look at や listen to は意図的な行為で，進行形で用いることもごくふつうである。（日本語でも漢字の表記で区別すると，「見る」と「視る」，「聞く」と「聴く」の間にはある程度似た対立が感じとれよう。）2種類の動詞の意味の違いを際立たせれば，"I looked and looked but saw nothing.", "I listened but heard nothing." といった表現を矛盾なく使えるわけで

ある。

　最後に，日本語での区別は基本的には構文の違いによっているのはすでに見たとおりであるが，その日本語でも〈知覚〉の主体の人間を主語にした構文でありながら無意図的な営みを表すこと——つまり，たとえば「私が～を見る」が英語の"I see ...."と平行した意味で用いられること——もあるのに注意しておくとよい。次に挙げる例文のような場合である。

　(21)　外へ出たとき，西の空に月を見た。〔＝月が見えた〕
　(22)　外へ出たとき，人の叫び声を聞いた。〔＝叫び声が聞こえた〕

ただし，いくらか文語的な表現という感じがする。

「事態そのもの」と「事態の当事者へのかかわり」

　例文の(8), (9), (10)がこのテーマに関わるものである。

　まず，(8)は日本語の〈受身〉の働きに関することである。盗難届けをする際にどのような言い方がもっともふつうになされるかということであるが，英語の話し手は (8a) のように起こった事態だけを客観的に伝えるのがふつうである。しかし，同じような言い回しを使って日本語で報告したとしたら——直訳すると，「誰かが私の財布を盗みました」と言うことになるから——話し手は事態をまるで人ごとのように受けとめているような感じで，間違いなく不自然という印象を与えるであろう。〈受身〉の形で言語化している日本語の表現 (8b) は，事態そのものよりも，その事態の自分とのかかわり——具体的には，その事態によって自分が被害を蒙っているという意味合い——を前面に押し出した言い方になっており，日本語の話し手としての感覚からすると，被害届けをするような場ではたいへんふさわしい言い方という印象を与える。

同じ関連でよく問題になる日本語の表現に、次の(23)がある。

(23) （私は）雨に降られた。

(23)の日本語の表現からは、私が降雨という事態の巻き添えになって迷惑を蒙ったという意味が読みとれる。英語で同じような表現ができるであろうか。かなり近い意味合いを表せるということで時折言及されるのは、次の(24)のような文である。

(24) It rained upon me.

文中の upon me（あるいは on me）の中の前置詞 on（ないし upon）はあまり馴染みのない用法という印象がするであろう。*LDOCE* ではこのような on（ないし upon）の意味が次のように定義されている。

> **on** = '[CAUSING SOMEBODY PROBLEMS] used when something bad happens to you, for example when something you are using suddenly stops working, or someone you have a relationship with suddenly leaves you.'

つまり、ある人に都合の悪いことが起こった場合——たとえば、使っていた電話が突然切れて機能しなくなった場合（The telephone went dead *on* me.）とか、結婚相手に逃げられたりした場合（John's wife walked out *on* him.）——に被害を蒙った人を表す語の前につけられる前置詞という説明である。ただ、あまり馴染みのない用法という印象からも想像できるとおり、on の用法としては決して頻度の高いものではない。（*LDOCE* には前置詞 on の用法として頻度順に1から30までの項目を挙げているが、この用法はいちばん最後の30番目の項目で説明されている。）

それだけでない。(24)の英語の表現と(23)の日本語の表現と較べてみるとわかるとおり、(24)では文の中核は〈雨が降った〉という事態が述べられている部分で、〈私〉に対する影響は前置詞句の形でその中核となる事態に付随する事態として言及されているに過

ぎない。(意味的に近い形で日本語に置き換えれば——あまり品のよくない表現ではあるが——「雨が降りやがってねえ」といったあたりの感じであろうか。) 一方，(23)の日本語の表現では想定されている主語は〈私〉であり，私にとっての都合の悪さを意味の中核として語っている文である。

つまり，日本語の話し手のほうがある〈事態〉とその〈事態の当事者への都合の悪いかかわり〉ということを1つの文としてまとめあげて表現する趣好を有しているらしいのに対して，英語の話し手にとってはそのように文をまとめあげるという傾向は顕著でないということであろう。(必要なら，1つの文に組み込むのではなく，〈事態〉と〈その事態の当事者へのかかわり〉を分けて別の文——たとえば "It suddenly rained and I had a miserable time."——として提示することも可能なわけである。)

授受動詞，移動動詞の補助動詞的用法

日本語の話し手の場合，〈事態〉を〈その事態の当事者へのかかわり〉とあわせて捉え言語化するという傾向は，「やる」，「あげる」，「もらう」，「くれる」などの授受動詞と，「いく」，「くる」といった移動動詞が補助動詞的に用いられる際の用法にもよく反映されている。このことはとくに授受動詞の場合に顕著で，それらが補助動詞として添えられていない表現は何かコンテクストから浮かびあがってしまっているような印象を与える。

(25) a) *彼は私に本を読んだ。(Cf. "He read me a book.")
b) 彼は私に本を読んでくれた。／彼は子どもに本を読んでやった。／私は彼に本を読んでもらった。

(25b) の表現は，それぞれ「彼は私に本をくれた」，「彼は子どもに本をやった」，「私は彼に本をもらった」と較べてみるとわかるとおり，本来なら授受の対象となる〈本〉といった〈モノ〉の

代わりに,〈本を読む〉という〈コト〉が入り込み,〈本〉をもらうことが受領者にとって何らかの益をもたらすといった意味合いと平行して,〈本を読む〉という行為がその行為の相手に益をもたらすという意味合いを生み出している。世界中の100あまりの言語について授受動詞の用法を検討したある研究によると,授受動詞のこの種の補助動詞的な使い方は日本語の他にはまず見当らないとのことである。

　移動動詞の場合,補助動詞的に使われて当事者とのかかわりを顕著に表すのは「くる」である。「暖かくなる」と言えば中立的な叙述といった感じであるが,「暖かくなってくる」と言えば,〈暖かくなる〉という状況が自分という当事者にとって次第に関与性を増しているといった意味合いが読みとれる。(関与性を増すといっても,自分に益する方向へのものとは限らない。「雨がひどくなってくる」と言えば,自分にとっては不都合な方向への事態展開という意味合いのほうがふつうであろう。)

　「いく」の補助動詞的な使い方の場合は,当事者への関与性ということとは一応関係なく,単に事態に継続,進展といった意味合いを添えるということが多いようで,「暖かくなっていく」はふつうそのように受けとられるであろう。(これは「いく」という語が本来の移動動詞として,話し手の位置との関連での方向性を含意することなく,たとえば「竜馬が行く」といったような単なる移動を表す場合の使い方に対応すると考えればよい。)しかし,「生まれてくる者」と「死にいく者」という対比を考えれば,「いく」にも話し手との関与性が減少するという意味合いで,本来の移動動詞として方向性に関して「くる」と対立する用法——話し手の今いる場所から遠ざかっていく——の反映されている場合のあることもわかる。

　英語のcomeとgoについていえば,まずそれぞれが本来の

〈(場所)の移動〉から〈(状態の)変化〉へと意味変化を経た上で，come は〈よりよい（あるいは，正常な）状態〉への変化，go は〈より悪い（あるいは，異常な）状態〉への変化をそれぞれ意味して，対立的に使われるという状況がかなり顕著に見てとれる。come alive（いきいきとした状態になる），come good/right（うまくおさまる），come to one's senses（正気になる），come true（実現する），go bad（腐る），go crazy/mad（気が狂う，かっとなる），go numb（麻痺する），go sour（すっぱくなる，腐る）などがそうである。go hungry（空腹で過ごす），go naked（裸で暮らす）などの go は〈移動動詞〉としての方向性について限定のない用法からの転用（たとえば，"The earth goes round the sun."）と考えればよい。

行為の主体性を薄める「なる」

　(11b) は結婚式への招待状によく用いられる表現である。結婚は両性の合意で決まるわけであるから，実際には (11a) の英語の表現と同じように「私たちは結婚します」と言えばよいのであろうが，そのように表現すると何か2人の決意があまりにも強く打ち出されていると感じられ，とくに目上の人への文面としては礼を失しているとでも考えられるのであろう。(11b) のように，そこに「なる」が添えられると，実際には当事者の意志に基づいての行為であっても，あたかもことが当事者の意図を越えたところでの〈成り行き〉でそのように運んでしまったという意味合いになり，当たりのきつさが消せるということであろう。もちろん，英語の become には同じような補助動詞的な使い方はない。

　当事者の意志決定に基づく主体的な行為をいわば「なる」によって包み込むことによって当事者の主体性を薄める——こういう効果は，話題となる人物への直接的な指示を避けるという敬語の

要件にも適している。そのことから，日本語では「なる」は敬語表現でもたいへん活躍している。たとえば次のような場合である。

(26) a) 天皇は自ら杉の苗をお植えになりました。
    b) 天皇陛下におかせられましては，自ら杉の苗をお植えになりました。

行為者としての天皇のイメージは (26a) でも述語動詞に「なる」が添えられることによってすでに薄められているが，さらに (26b) のようになると天皇が〈場所〉として表示される——つまり，「天皇におかせられましては」＝〈天皇という場においては〉——ということになり，文全体は〈天皇〉という場において，杉の苗を植えるという行為が生じたという把握の仕方で事態を提示し，それによって天皇の行為者としての意味合いが消去される。ちょうど〈自発〉の意味合いで用いられる「（ら）れる」が敬語表現でしばしば用いられる（たとえば，「天皇は自ら杉の苗を植えられました」）のと同じように，「なる」も〈（当事者の意志とは関係なく）おのずからそうなる〉といった意味合いで，「殿様がお出でになる」，「お殿様のお成り」といったあたりから「全部で2000円になります」（英語の "That'll be two thousand yen." といった表現を参照）といったあたりまで，いろいろなレベルで敬語表現として重用されている。ときには敬語的な言い方であるという意識が独り歩きし始めて，「お下がりください。電車が到着になります」（1980年代）とか，「最後尾の車輌は，女性専用車になっていただいております」（2006年7月）といったアナウンスすら聞かれることがある。

事態とその起因への言及

　例文の(12)と(13)は，同じ事態について言うのに，英語の話し手は他動詞の受動態 (be killed, be surprised)，日本語の話し手は自

動詞(「死ぬ」,「驚く」)をそれぞれ用いた言い方を好んでするという対比の見られる場合である。日本語の話し手の立場からすると，戦死という事態にはたしかに加害者としての敵が関与しているし，驚きの気持もたしかにそれを引き起こす何かがあってのことということは十分理解できるけれども，なぜわざわざ遡ってその種の起因の存在に暗に言及するような言い方をしなくてはならないのかというのが，英語の話し手の表現の仕方から受ける印象であろう。逆に英語の話し手からすると，その種の起因の存在は明らかなのに，どうしてそれとは切り離して起こったことへの言及だけで満足するのだろうかということらしい。

「死ぬ」—be killed に対応する類例として，人の誕生を言う際の「生まれる」—be born にも注意しておくとよい。日本語では誕生は〈自発〉的な出来事として捉えられているが，英語のほうは bear (生む) という他動詞 (たとえば "My mother bore me.") の受動態の形を使っている。

一方,「驚ク」— be surprised のような心理的な過程の表現に関しては，同じ対比は高度に体系的に認められる:「ビックリする」— be astonished,「確信する」— be convinced,「ガッカリする」— be disappointed,「ワクワクする」— be excited,「喜んでいる」— be pleased,「満足している」— be satisfied,「ビックリギョウテンする」— be terrified, など。worry という動詞は「心配する」— be worried という対応でこの系列に入れることもできるが，同時に「心配する」— worry という対応もあって，その限りでは例外的な振舞い方をする。(たとえば, "Don't worry."〈気にしないで〉) その結果 "I'm worried that she won't come." と "I'm worrying that she won't come." が近似的に同義になるということも起こる。歴史的に言うと，自動詞用法のほうが新しく，もともと再帰動詞の使い方で再帰代名詞が落ちるとい

うことで生じた用法（worry oneself → worry）ということのようである。

　英語では受動態の表現（be＋過去分詞）が〈変化〉（be surprised＝〈驚かされる，驚く〉）も〈状態〉（be surprised＝〈驚いている〉）も表すことができることから，上に挙げたような表現でも本来〈動詞の過去分詞〉として〈変化〉を表していたものが，〈状態〉を表しての用法を通して〈過去分詞〉に本来の動詞らしさが次第に感じられなくなり，遂には〈be＋形容詞〉の構文であるかのように受けとめられるということもある。be interested はその代表的な例である。形容詞の意識が強まるにつれて，very で修飾されるのが可能になるとか，起因の表現を伴うに際して，前置詞は本来の〈動作主〉表示の by よりも，きっかけとなった出来事との遭遇を意味する at とか，関心の対象となるものを指す in にとって代わられたりする。（たとえば，be surprised at... 〈～に接して驚く〉，be interested in... 〈～に対して興味を抱いている〉。）

〈人間主語〉か〈無生物主語〉か

　この項に関係するのは(14)から(16)にかけての例文である。いずれの場合にも共通して言えることは，同じ状況について述べていながら，英語の表現ではごく慣用的に〈無生物主語〉の構文が出てくるのに対し，日本語のほうは一貫して〈人間主語〉の構文が好まれるということである。

　一見気のつき難いことに思えるかもしれないが，この節で扱うこととすぐ前の節で〈自動詞表現〉対〈受動態の他動詞表現〉ということで取りあげたこととは実は無関係ではないのである。たとえば "I was surprised." という受動態での表現がなされる背後には，〈私が驚く〉という状態を結果としてもたらした〈起因〉

の存在が想定されているということであったが,これは同じ出来事が "Something surprised me." という無生物主語の能動態の形式で捉えられているということである。ただし,この種の場合,話し手にとっての関心は引き起こされた心理的過程が誰にかかわるかということであって,引き起こした起因が何であるかということではないことが多いであろうから,起因を明示しなくてすむ受動態の構文が都合よく使えるわけである。

しかし,その上でなお,起因のほうにより大きい関心があるというような場合には,その起因に相当するものを目立つ主語の位置に据えて(14)のような表現ができるということになる。主語が起因を表すことから予測できるとおり,述語には(人間主語をとるのが典型的である〈行為動詞〉ではなくて)〈使役動詞〉(ないしは〈行為動詞〉であっても〈使役動詞〉的な性格の顕著な動詞)が使われるのがふつうである。たとえば,(14)の bring は *LDOCE* ではその該当する意味は if something brings people to a place, it makes them go there と説明されている。また(15)では文字どおり〈使役動詞〉の make が述語動詞である。この文では medicine という〈モノ〉が主語として立てられているから,その限りでは〈起因〉よりも〈手段〉と呼べるかもしれない。しかし,medicine という語で実際に意図されている意味は(あなたが)この薬を飲むという〈コト〉であると解せば,〈起因〉として解することも可能である。さらに進んで(16)のように key といった〈モノ〉が主語として立てられると,わざわざ〈(あなたが)この鍵を使う〉という〈コト〉が〈起因〉であると解するよりも,〈鍵〉という〈モノ〉が〈手段〉,つまり,人間の身体そのものの延長として,人間の手足並みに他に働きかける——したがって人間に準じる〈主体性〉をもちうる——〈モノ〉といった捉え方がなされるのであろう。それと同時に,述語動詞の open も〈働きかけ〉

(ドアに対してある操作——たとえば，鍵穴に鍵を差し込んで回す——をする)と〈結果〉(ドアの状態の変化)の両方の意味合いを喚起することから，〈使役動詞〉としてばかりでなく，〈行為動詞〉としての性格も帯びている。

擬人法の自然さ・不自然さ

〈起因〉にせよ〈手段〉にせよ〈無生物〉であるが，日本語の話し手は一般に〈無生物〉を主語に立てることに抵抗を感じる。現在では英語その他の欧米の言語との接触(および，それらの言語からの直訳的な翻訳)を通じて，抵抗感はある程度減っているであろうが，以前はそれを不自然とする感覚はもっと強かったはずである。〈擬人法〉(personification)と呼ばれる表現法——つまり，本来〈人間〉を主語としてたとえば「少女がほほえむ」というように使う「ほほえむ」という動詞に〈無生物〉の主語を添えて「花がほほえむ」，あるいは場合によっては〈抽象概念〉を主語にして「勝利がほほえむ」のように言う語法——では，人間以外のものを〈人間〉に擬して使うのであるから，〈無生物主語〉が典型的に出てくる。

今からほぼ1世紀前，夏目漱石(1867-1916)は英語における〈擬人法〉，とりわけ，英詩の中で使われている〈擬人法〉にその著『文学論』(1907年刊行。イギリス留学から帰国して，東京大学で日本人として初めての英文学の教授となって二年間に行った講義がまとめられたもの)の中で言及し，「不自然もまた甚(はなはだ)し」とか「猿が冠を被りて大名に成済(なりす)ます事のむづかしげなるに似たり」などと，強い嫌悪感を表明している。

興味深いことに，漱石に少し先立って同じ東京大学で初代の言語学教授を勤めたイギリス人，チェンバレン(Basil Hall Chamberlain 1850-1935)は，広く読まれたその *Things Japanese*(初版

1891，翻訳書名は『日本事物誌』）と題された日本紹介書の中で言語に言及し，日本語にいくつも見出せる〈欠点〉の１つとして〈擬人法〉的な表現——とくに，他動詞に抽象名詞を主語として添える形のもの——ができないということを挙げている。チェンバレンの挙げている例だと，英語では "The heat makes me feel languid."（直訳：暑サガ私ニ身体ガダルイト感ジサセル）とか "Despair drove him commit suicide."（直訳：絶望ガ彼ヲ自殺ヘト追イヤッタ）のような言い方ができるが，日本語ではだめで，同じことを言うとすれば，「暑くて身体がだるい」("Being hot, I feel languid.")，「絶望して彼は自殺した」("Having lost hope, he killed himself.")のような言い方になるとのことである。

　意味は一応伝えられるとしても，擬人法的な表現に伴うような迫力や絵画性を欠いており，こういう欠陥がある言語では，まともな詩が書けるとも思えないし，またそういう言語を使っているアジアの人たちには，比喩とか寓意はとても理解されるとは思えない——チェンバレンはこのように極言している。（もちろん，チェンバレンは当時のヨーロッパ文化至上主義に立って発言しているに過ぎない。同じ個所でチェンバレンはすぐれた英詩の例として抽象概念を擬人化した言い回しをふんだんに使っているワーズワースの作品の一部を挙げているが，皮肉なことに，現在ではこの種の文体は英語の話し手の多くによっても評価されるとはとても思えない。）

　〈擬人法〉に対する受けとめ方が英語の話し手と日本語の話し手の間で違うということは，日常言語のレベルで〈無生物主語〉構文がどれくらい定着しているかということと無関係ではなかろう。英語のように日常言語レベルで〈無生物主語〉構文の定着度が高ければ，〈擬人法〉の表現との間にそう大きな落差はないわけである。一方，そうではない日本語の場合だと，どうしても〈擬人法〉の表現はわざとらしく，不自然という印象がもたれざ

るを得ないことになる。

　さらに、この点での差から当然出てくることであるが、英語の表現で日本語の話し手が見ると一応〈擬人法〉めいて見えていても、英語の話し手にとっては決してそのような特別の表現という意識はないということも起こる。例文の(14)、(15)、(16)も〈起因〉ないし〈手段〉である物事を焦点化しているという感じではあろうが、〈擬人法〉というような意識がとくに抱かれているとは思えない。しかし、日本語の話し手にとっては何か〈擬人法〉めいた印象がする。かつて昭和の初めの頃、「何が彼女をそうさせたか」という歌の文句が一時期関心をもたれ、流行したとのことである。"What made her do that?" を直訳したつもりの表現ということであろうが、耳慣れないけれども意味はわかる〈バタ臭い〉表現ということでおもしろがられたのであろう。

　最後にもう１つつけ加えておかなくてはならないことは、〈起因〉や〈道具〉を主語に立てる表現の仕方は、同じヨーロッパの言語でもどれくらい自然に使えるかという点で言語間に差があるということである。一般的に言うと、英語はこの点でたいへん突出しているようである。系統的には英語と同じ言語であるドイツ語の場合で見てみると、英独辞典では "What brings you here?" には "Was führt dich hierher?"（直訳："WHAT LEADS YOU (TO) HERE?"）とほぼ同種の構文が当てられているが、"What makes you say that?" には "Warum sagst du das?"（直訳："WHY DO YOU SAY THAT?"）、"What makes you think that?" には "Wie kommst du darauf?"（直訳："HOW DO YOU COME (ON) TO THAT?"）と、日本語と同様〈人間主語〉の構文が対応させられている。〈手段〉を主語とする英語の (15a) のような文も、そのままの構文でドイツ語にすると自然な表現としては受けとられないようである。

自己の他者化

　前出の例文の最後の4つ，(17)から(20)までは，いずれも話し手による〈自己〉の〈他者〉化という捉え方との関連で考えてみたいものである。実はすでに〈身体（部位）〉の表現について考えた折にも，同じ問題点に触れる機会があった。そこではとくに〈再帰代名詞〉と呼ばれる品詞の機能について，ある行為者が自分自身に向けてある行為をするという状況が言語化される場合，英語ではその行為の対象となる〈自己〉を〈再帰代名詞〉の形で（たとえば，"I washed myself." のように）表現するが，この表現は同じ行為が自分以外の〈他者〉に向けてなされる場合の言語化（たとえば "I washed the baby."）の際の構文と完全に同一であり，したがって，この種の構文では〈再帰代名詞〉は話し手（ないしは，主語に擬せられている人物）が〈自己〉を〈他者〉として受けとめていることの示唆と解することができる，と論じた。そして，同じ場合に〈再帰代名詞〉に対応する表現を使うのを避け，行為のかかわる〈身体（部位）〉を表す表現ですませる日本語の話し手の場合には，同じような〈自己〉の〈他者〉化という認知的過程は伴なっていないと考えられるということであった。

　(17)～(20)で，a) の英語での表現は同じ自己の〈他者〉化という捉え方が，もっと明示的な形で言語化されていると思われる場合である。(17a) は自分のいま居る場所がわからなくなった話し手が道を尋ねているという場面であるが，話し手は自分の居場所を聞くのに，誰か他人の居場所を聞くのと同じ構文で——つまり，"Where is she?" と同じ構文の "Where am I?" で——尋ねている。英語の話し手は，いわば自分から抜け出して，迷っている自分のことをあたかも誰か迷っている他人を見ているかのように客体化して捉えているわけである。

　日本語の話し手は，同じ場合にそのような捉え方はしない。日

本語でもし「私ハドコニイマスカ」などと言って尋ねたとしたら，尋ねられた人は答えに困るであろう。「あなたはそこにいるではありませんか」とでも言い返したくなるところである。日本語の話し手は自己の〈他者〉化は苦手なのである。日本語の話し手なら同じような場面に使うのは (17b)——つまり，「ここはどこですか」——であろう。この表現には〈他者〉化された〈自己〉の言語化は含まれていない。〈自己〉は〈自己〉であり，その〈自己〉が自らを原点として知覚することを言語化しているだけである。〈自己〉は知覚の原点として知覚の対象にならず，したがって，発話の中で言語化されない——あるいは，〈ゼロ〉として表示される——のである（図6-3）。

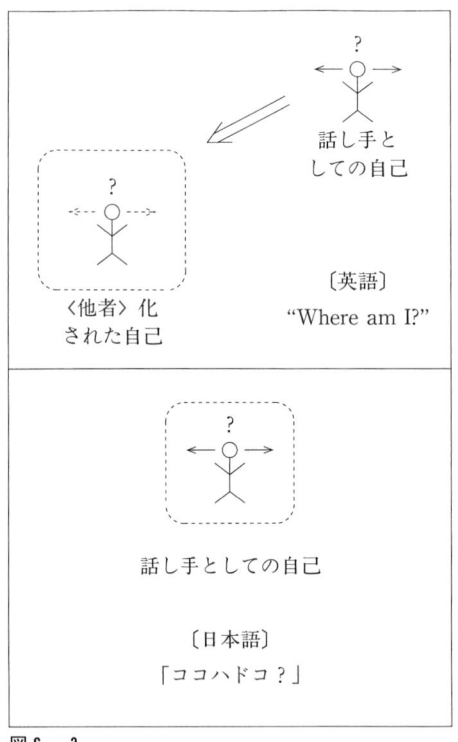

図6-3

Mom は3人称で「お母さん」は1人称

次の(18)の例は，電話をして応答に出た人物に，自分の話したい

相手に代わってくれるよう頼んだら，たまたま出た人物がその本人であったという場合である。英語の表現は，電話をかけてきた人が指名した Mr. Jones という他者を応答者のほうも同じように他者として he で受け，このいま応答している当人がその他者と同一人物であるといった趣旨での受け答えになっている。応答者は自分を〈他者〉として捉えているのである。(この場合，もう1つの解釈の仕方は，応答者は電話をしてきた相手を尊重して，相手の視点に立って応答しているということである。相手の眼からすると，実質的な対話に入る前の応答者はまだ単なる〈他者〉に過ぎない。多分先ほどの解釈とこの解釈と2つが重なっていると考えるのが妥当であろう。)しかし，いずれにせよ，日本語の話し手にとってはこのような場合の〈他者〉化にも強い違和感が感じられる。

(18)での応答の際，実は応答者は代名詞の代わりに自分の名前を使って応答することもできる。英語の場合なら "This is Mr. Jones speaking.", 日本語の場合なら「はい，ジョウンズです。」といった応答の仕方である。おもしろいことに，英語でも日本語でも応答者は同じように自分のことを自分の名前で言っていながら，英語の話し手はそのようにして指している自分のことを〈3人称〉的に（つまり，〈他者〉として）捉えており，一方，日本語の話者は〈1人称〉的に（つまり，〈自己〉），捉えているということである。これは，それぞれの名前のところに代名詞を入れた形の表現にすると，(18a) と (18b) の後半部分のように，英語では "This is he." と〈3人称〉に，日本語では「私です」と〈1人称〉になることからもわかる。(同じことは，話し手が自分のことを親族呼称で指していう場合——たとえば，母親が自分のことを英語なら Mom，日本語なら「お母さん」ということばで指して言う場合——英語の話し手は Mom を〈3人称〉扱いにするのに対して，日本語の話し手は「お母さん」を〈1人称〉として捉えるという違いが

ある。英語の "Mom is so happy!" という表現では is という形で動詞が一致していることからもわかるとおり，Mom は〈3人称〉扱いである。日本語の「お母さんはとても嬉しいわ」という表現では，「私はとても嬉しいわ」という言い方は自然であるのに「彼女はとても嬉しいわ」が不自然であることにも反映されているとおり，「お母さん」は〈1人称〉として扱われているわけである。）

(19)も〈自己〉の〈他者〉化への傾向が言語によって差があることを示す例である。自分以外に誰もいない部屋の中にいて，その様子について独り言をつぶやく，あるいは，誰かそこにいない人にその様子を伝えるといった状況を想定すればよい。実際に聞いた話ではドイツ語でやりとりが行われている場合で，日本人の話し手が "Niemand ist hier." （英語なら，"Nobody's here."）と言ったら，ドイツ語を母語とする話し手から "Niemand ist hier ausser mir." （英語なら，"Nobody's here except me."）と言うようにと訂正されたとのことである。日本語でなら，まず「誰もいません。」と言うところであろう。（この場合，「私」ばかりでなく，「ここ」という指示詞も言語化される必要がないことも興味深い。観察の原点としての自分ばかりでなく，観察者の立つ視座も観察者にとって観察の対象に入らないということで〈ゼロ〉として表現されるわけである。）もちろん，日本語でも「私以外，誰もいません」と言うのは可能である。しかし，特定の場面を想定しないでこの表現だけを聞くと，ずいぶん〈理屈っぽい〉言い方をしているというのが受ける印象であろう。（したがって，たとえば犯人を追って綿密な家宅捜査の行なわれているといった状況であれば，発せられてもおかしくない表現であろう。）「私以外」を加えた表現がなされる際は，話し手は自己の分身を部屋の外に立てて（あるいは，〈自己〉を話し相手の立場に移し），その視点から部屋の中にいる自分をも客体化して見ているわけで，少なくともドイツ語の話し手に

とっては，それが普通のスタンスであるということである。

⒇はよく知られた「赤頭巾」の話の同じ個所の表現を比較したものである。いずれも主人公の赤頭巾（ないしは，それに相当する人物）が自分の用件を伝えているところであるが，まず自分の名前を名乗ったあと，a_1 ではそれを主語として has という述語動詞を対応させていること，a_2 では自分の祖母のことを her dear grandmother と her を使った形で言及していることから，どちらも自分を〈3人称〉として扱っていることがわかる。一方，a_3 では，名前を名乗ったあと，別の新しい文で I を主語として自分の用件を語り始めている。ここでは，自己を〈他者〉化しない表現がとられているわけである。日本語に訳される場合は，どの場合でも，贈物を届けに来たのは話し手自身（つまり，〈1人称〉）として了解され，そのように訳されたり，解釈されたりするであろう。たとえば，b)の後半の「……もってきたの。」で終わる文の主語は，と聞かれれば，「(彼女が) ……もってきたの。」ではなくて，「(私が) ……持ってきたの。」であるということでは，日本語の話し手の意見は完全に一致すると思われる。

3．主客対立と主客合体

言い回しの相対性

同じ状況について述べていても，言語が違うとときとしてはずいぶん違う言い方をする——2節ではとくに英語と日本語を対比するという形で，そのような具体例をいくつか見た。異なる言語間に認められるこの種の違いは，言語の〈相対性〉（relativity）ということで言及される。通常，言語の〈相対性〉というと，言語間での構造の違い——たとえば，〈水〉と〈湯〉を別の形の名詞で区別する言語としない言語，〈ある〉と〈いる〉のような区

別を別の動詞でする言語としない言語，単数と複数の区別を名詞の語形の上で原則的に表示する言語としない言語，未来のことを指すということを動詞の語形の上で原則的に表示する言語としない言語，〈他動詞〉構文について〈主語〉+〈述語動詞〉+〈目的語〉という語順をとる言語と〈主語〉+〈目的語〉+〈述語動詞〉という語順をとる言語，など——として取りあげられることが多い。

　前節で取りあげた対比は，この種の単純な構造の対比ではない。むしろ，この種の語法，文法上のさまざまな対比を踏まえた上で，その言語の話し手がそれらをいわば編みあげ，統合して創り出す〈言い回し〉(turns of expression) とでもいった段階で認められる差である。話し手が可能な事態把握の仕方のうちから主体的にある把握の仕方を選び，それに基づいて言語化するということであるから，そこにはその言語の話し手の捉え方——あるいは〈発想〉といったもの——についての好みが反映されていると考えられる。

言い回しの背後の発想

　前節では20の具体例を取りあげ，それぞれの場合について，同じ状況についての言語化でありながら，英語の話し手と日本語の話し手とでは好んでなされる〈言い回し〉に差がある——そのような言語化の仕方の差の背後にある〈発想〉の違いとはどのようなものであるかを検討した。個々の場合にかかわっている〈発想〉の違いは一見かなりまちまちのように思えるかもしれないが，実は相互に関連し合っていると解釈できる場合もあることはすでに指摘した。たとえば，「結婚することになりました」のように「なる」を添えた言い方を好むことと，be surprised のような他動詞の受動態よりは「驚く」という自動詞ですますこと，無生物主語文よりは人間主語文を好むということとの間には，広義の

〈起因〉への言及を避けるという日本語の話し手の傾向が共通して関与しているわけである。

自己分裂と自己投入

　そのような観点から，前節で日本語話者好みの言い回しとして取りあげ，検討したいくつかの特徴のうちの1つにここでもう一度焦点を当てて考察してみよう。例文の(17)〜(20)との関連で取りあげた——その段階では，〈自己の他者化〉を避けるという傾向として解釈した——特徴である。

　まず，〈自己の他者化〉の回避ということでなら，次のような場合も考慮に入れておくに値する。

(27)〔独白するという状況で，話し手がこれまでの自らの姿勢を反省し，自分を励ましているという場面〕

　a) "You must work much harder!"

　b) 「(私は) もっと頑張ってやらなくちゃ！」

このような場合，英語の話し手はふつう〈2人称〉の代名詞で自分を指し，自分が自分に語りかけるという構図にするとのことである。日本語の話し手の場合も同じ構図は不可能ではないが，それよりは自己は自己として〈他者〉化することなく，〈1人称〉として言語化するほうが自然と思われる。

　すでに検討した(17)や(19)の例からもわかるとおり，自己の〈他者〉化を避けるというスタンスには，それと表裏をなす別な側面がある。つまり，〈自己・中心的〉(ego-centric) に事態把握をするというスタンスである。〈自己〉を〈他者〉化する話し手は，自分の身を置いている場面から，いうならば自分の分身をその場面に残したまま，自らは一歩退き，自分の分身を含むもとの場面を外から客体化して眺める。話し手は自らを〈視る主体〉としての自己と〈視られる客体〉としての自己とに分裂させ，〈主体〉

と〈客体〉が対立するという構図が生み出される。

　一方,〈自己・中心的〉に事態を把握する話し手においては,このような〈自己分裂〉(self split) は起こらない。話し手は自分が臨場している事態の中に身を置いたままで,その視座から事態把握をする。その際の事態把握では,話し手は自らを原点として,そこから事態を眺め,把握する。それゆえ,話し手自身は自らの視野に入らず,客体化されないから言語化の対象にならない。

　同じことは,話し手が自らの身を置いている〈ここ・いま〉という空間的,時間的な視座についても言える。これらは,話し手自身と一体化された時空であり,〈自己・中心的〉な主体によっては客体化されることなく,したがって言語化されることもなく打ち過ぎる。(たとえば,すでに見た例(19)を参照。英語の (19a) ではme も here も言語化されているが,(19b) の日本語で対応する表現では,どちらも〈ゼロ〉で十分である。さらにつけ加えれば,時間についていうならば,英語が〈現在時制〉で明示的に〈いま〉を言語化していると考えられるのに対し,日本語の「いません」は〈現在時制〉といった有徴的なものではなく——〈時制〉という概念にどうしてもこだわるなら——〈超時制的〉,あるいは,話し手の立場からいうと,〈感覚的〉なり〈知覚的〉,あるいは〈体験的〉というか,いずれにせよ,話し手の直接のかかわりを表示することがプロトタイプ的な機能である文法的なカテゴリーといった規定が妥当するのかもしれない。)

　ところで,話し手がもともと自分自身が臨場しているという状況のもとで事態把握をする場合はよいとして,自分自身が臨場していない——つまり,空間的にも時間的にも自らと隔絶している——状況について事態把握をして言語化しようという場合は,どうなるであろうか。臨場している場合でもわざわざ自己分裂を行って〈視る主体〉としての自己はその事態の外へ身を退かせ,そこから事態の中に残した自らの分身を〈視られる客体〉としてそ

れと対する——こういう型の言語の話し手にとっては、このような事態の処理はごく自然にできる。もともと〈視る主体〉と〈視られる客体〉とが隔絶されているという構図が成立しているからである。

　一方、臨場的な事態把握にこだわる言語の話し手にとっては、このような場合は時空の隔りを解消する認知的な操作——つまり、話し手が時空の隔りを越えて、問題となる事態の中に身を置くという操作——が必要である。このような操作は、〈自己投入〉(self projection) とでも呼べよう。話し手は自分が身を置く〈ここ・いま〉の座標軸を背負ったまま時空を隔てた事態の中にそれを持ち込み、そこで変らない臨場的なスタンスで事態把握をするというわけである。

　〈自己分裂〉と〈自己投入〉という認知的な営みは、異なる性向によって特徴づけられる2つの型の話し手において、相互に対応する操作である。ただし、〈自己分裂〉のほうは文字どおり〈自己〉を〈視る主体〉と〈視られる客体〉に分裂させ、その結

(1) 例えば、野に一輪の白百合が咲いている。この百合の見方は三通りしかない。百合を認めた時の気持は三通りしかない。百合の内に私があるのか。または、百合と私とが別々にあるのか。私の内に百合があるのか。または、百合と私とが別々にあるのか。だから、ここで詳しくは云わず、文芸の表現の問題として、分り易く考えてみる。これは哲学上の認識論の問題である。百合と私とが別々にあると考えて百合を描くのは、自然主義的な書き方である。これまでの文芸の表現は、すべてこれだったと云っている。ところが、主観の力はそれで満足しなくなった。百合の内に私がある。私の内に百合がある。この二つは結局同じである。そして、この気持で物を書き現そうとするところに、新主観主義的表現の根拠があるのである。

（川端康成「新進作家の新傾向解説」一九二四、引用に際し、旧字・旧仮名を新字・新仮名にあらためた）

果,〈主客対立〉の構図が演出されるのに対し,〈自分投入〉のほうはその種の分裂は伴わない。〈自己〉はそのまま〈主体〉としてあり続ける。〈主体〉としての機能は維持したまま,把握の対象とする事態の中に臨場することによって,いうならば〈視る主体〉と〈視られる客体〉の合一——〈主客合体〉の構図が演出されることになる (cf. 1)。

ゼロ化される主体

英語の話し手がごく自然に〈主客対立〉の構図での事態把握とそれに基づく言語化に傾くのと同じように,日本語の話し手も特に意識することなしに〈主客合体〉の構図での事態把握とそれに基づく言語化をする。たとえば,次のような表現は,どうであろうか。

(28) 「外へ出ると,月が明るく輝いていた。」

まず,文字どおり引用符つきの誰かが言ったことばであるとしよう。ある話し手が——独白でもよいし,他人に伝えるためでもよい——自らの経験を語っているという場合である。主文の「月が明るく輝いていた」という部分は表面的には単なる情景描写として読めるが,実はこれは話し手の体験したことの内容である。話し手はそれを臨場的——つまり,実際にその場にいた自分が直接〈体験〉した状況として——捉えている。この構図では話し手は観察の原点であるために観察の対象に入らず,したがって〈ゼロ〉化されている。(28)の話し手は,自らを問題の過去時における自分に同化させ,その時点での自分の体験を語っているわけである。

同じ解釈は,話し手と体験者が同一人物でない場合(たとえば,作家がある登場人物について語っている場合)にも容易に転用される。「私」の代わりに「彼」が主語になっていて,したがって文

全体が「私」のことばの引用ではなく，完全な地の文である場合でも，主節の部分が「彼」の体験内容であるという読みは変わらない。

　同じ状況が英語の話し手によって語られると，次のa）とb）のどちらになるであろうか。

(29)　a) When I went out, the moon was shining.
　　　b) When I went out, I saw the moon shining.

英語の話し手の選択は，圧倒的にb）のほうである。つまり，(17)や(19)で見たとおり，〈自己分裂〉を経て場面の外に立った自己が場面に残した自己の分身を客体化して見るという構図の表現である。

　同種の例は，日本語のテクストとその英語訳との間にも容易に見つかる。まず，古文から例を挙げる。

(30)　a) まづ高館(たかだち)に登れば，北上川，南部より流るる大河なり。（芭蕉『奥の細道』）
　　　b) We first climbed up to Palace-on-the-Heights, from where we could see the Kitagami, a big river flowing from Nambu. (D. Keene 訳)

日本語の原文では，芭蕉（と供の曽良）が見た景色だけが言語化され，見た主体は〈ゼロ〉化されている。英語訳ではそういう景色を〈主体が見た〉というところも客体化され，表現されている(We could see)。数種類ある他の英語訳でも，同様である。

　次の(31)は現代文の例である。

(31)　a) その明くる晩も気になって覗きに行くと，依然として父は昨夜の通りにしていた。（谷崎潤一郎『少将滋幹の母』）
　　　b) ...but the next night curiosity came over him again, and again he went to look and saw his father as on the preceeding night. (E. Seidnsticker 訳)

原文は主人公の見た情景を述べているだけであるが，英訳では'(he...) saw'という語が補われている。

臨場的に体験を語る

少し前に例文(22)との関連で，話し手が臨場的に自らの体験を語った文は表面的には単なる情景描写の文としても読めるということを指摘した。自らの体験内容はすぐれて〈主観的〉な性格のものである。それがきわめて〈客観的〉な情景描写のようにも読めるというのは，たしかにちょっとしたパラドックスである。(国語学の伝統の中で，たとえば「雨が降っている」といった文が〈現象文〉という名称で呼ばれてきたのも，そのあたりの曖昧さが関係してたものと考えられる。特別の名称で特別扱いするという趣旨からいうならば，むしろ〈体験文〉と呼ぶほうが妥当であろうと思われる。)いずれにせよ，臨場的に体験が語られる文では，話し手(つまり，体験者)は観察の原点に立つものとして〈ゼロ〉化される。体験する主体が言語的に消去されるのであれば，必然的に残るのは体験された内容という客体のほうだけになってしまうわけである。それゆえ，発話のコンテクストについての情報が与えられていないような場合，同じ表現が体験を語るものとも，単なる情景描写とも受けとれ，とりわけ，実際には前者であるものを後者として解釈してしまうと，もとの表現のもつ豊かな意味合いを読みとれていないということもありうる。

たとえば，次の(32)は，かつて小学校1年の国語教科書の第1課として掲載されていたものである。

(32) サイタ。
　　　サイタ。
　　　サクラガサイタ。

もちろん，単なる情景描写として意図された文ではない。実は，

見事に咲いた桜を見て愛でる主体が〈ゼロ〉化されて臨場しているのである。その人物の発する感嘆の声（したがって，引用符をつけてもよい）とも受けとれる。

『雪国』冒頭の英訳

そういう視点から，最後に，川端康成の小説『雪国』の冒頭の文とその英語訳とを較べてみよう。

(33)　a) 国境の長いトンネルを抜けると，雪国であった。
　　　b) The train came out of the long tunnel into the snow country. (E. Seidensticker 訳)〔直訳：列車が長いトンネルから雪国へと出てきた。〕

日本語の原文は(32)と同様，情景描写の地の文のようにも読める。しかし，実は汽車に乗って旅をしている主人公が，いままさに体験していることを語るという構図となっている。（引用符をつけて，主人公の心の中のつぶやきとして読んでもおかしくない。）(32)と同じように，(33a) も話し手の臨場を想定させる文である。主人公は体験の主体として，自らの乗っている汽車（主人公がその中にいて動きを共にしているという意味で，主人公自身の〈拡大エゴ〉でもある）ともども〈ゼロ〉化され，言語化されていない。英語訳のほうはどうかといえば，これも，情景描写の地の文のようにも，また，汽車の中の主人公による自らの体験の語りとも読める。ただし，後者の場合は，主人公が自らの分身を汽車の中に残したまま，汽車の外に身を置いて，自らの分身を乗せてトンネルから出てくる汽車を客体として捉えるという構図になっている。（述語動詞の came は，その汽車が外にいる〈視る主体〉としての主人公の方向へ近づいてくるという構図を暗示している。）

ちなみに，最初のドイツ語訳 (34a) では，少なくとも後半主節の部分では汽車の中の主人公が体験的に見た景色という読みが

可能な言語化がなされているように思えるし，フランス語訳(34b)と2004年に出た新しいドイツ語訳(34c)では，原文のもつ主人公の体験という意味合いを十分に意識し，それを訳文に反映させようとする努力をしている跡が感じとれる。(なお，フランス語訳者はパリ大学で比較文学を教えた藤森文吉とのことである。)

(34) a) Als der Zug aus dem Grenztunnel herauscroch, lag das Scheeland vor ihm weit ausgebreitet. (O. Berl 訳)〔直訳：列車が国境の長いトンネルから這い出てくると，雪国が広く拡がって横たわっていた。〕

b) Un long tunnel entre les deux régions, et voici qu'on était dans le pays de neige. (B. Fujimori 訳)〔直訳：2つの領域の間の長いトンネル——気がつくと，もう雪国であった。〕

c) Jenseits des langen Tunnels erschien das Schneeland. (T. Cheung 訳)〔直訳：長いトンネルの彼方に雪国が現れた。〕

動詞句か前置詞句か

最後にもう1点，英語と日本語の表現上の対比のことでつけ加えておくと，日本語の原文は「…を抜ける」，「…であった」という2つの述語動詞が並置され，2つの節から成る文である。それが英語訳では，"... came ..." という1つの述語動詞で1つの節から成る文にまとめあげられている。その結果，原文で読みとれる「国境」を越える前と後での状況の対比——〈暗い(あるいは，煤で黒い)，狭い〉世界と〈(雪で)白い，広い〉世界との対比——の意味合いは英語訳ではすっかり消えてしまい，移動する汽車だけが過度に焦点化されているという印象を受ける。

一見意外に思えるかもしれないが，実は動詞と前置詞の間には

ある点で密接な関係があって,ある言語が前置詞によって処理するところを別な言語では動詞を使って処理するということはよく知られている。たとえば,日本語でなら「彼は丘を越え,川を渡り,町に入った」と3つの述語動詞を並列して表現するところを,英語なら3つの前置詞句を1つの述語動詞にそえて "He went over the hill, across the river and into the city." と言えるわけである。その意味では,Seidensticker 訳は英語らしい事態把握に基づいた,いかにも英語らしい表現であるのである。(なお,英語の前置詞を日本語に置きかえる時に,たとえば,along―「に沿って」,across―「を横切って」,over―「を越えて」,against―「に対して」,by―「によって」〈依る,寄る〉,about―「について」〈就く,着く〉,などのように動詞を対応させること,英語の中にも during〈dure〉, notwithstanding〈not withstand〉のように動詞に由来するものがあること,を参照。)

4．相同性――表象の諸分野を横断する傾向

言語による表象・言語以外の媒体による表象

　日本人好みの言い回し,あるいは,日本語の話し手がある事態を言語で表現しようとする際に好んで採るスタンス,ということでのさまざまな具体例の検討を通じて得られた1つの特徴は,臨場的に捉えて,言語化する――つまり,問題の事態の中に身を置き,体験的に語る――ということであった。この特徴的な傾向は,日本語の話し手にとってどれくらい深く根ざしたものなのであろうか。

　何らかの表現媒体を使って物事を写しとるという人間の営み一般を指して〈表象〉(representation)という用語が使われる。言語もこの〈表象〉のために人間の使う手段の1つ(そして,間違

いなく，もっとも重要な手段）である。言語による表象は，ある意味を担うという形で単位化された語を組み合わせて行われるということで，基本的には〈デジタル〉的な操作と言われている。これとは対照的に，基本的に〈アナログ〉的な操作としての表象ということになれば，代表的なものは〈絵画〉であろう。

絵画の場合

興味深いことに，絵画による表象という営みにおいても，日本では伝統的には，〈臨場的〉な描き方が優勢であったことが知られている。たとえば，合戦や都市を描いた屛風図に典型的に見られるように，そこでは近くのものも遠くのものも——〈非遠近法〉的に——あまり変わりない大きさで描き出され，そして，距離感は中間部に雲をたなびかせることによって暗示するという手法が採られている（図6-4）。つまり，描き手は近くのものを描くときはそのものの近くに身を寄せ，遠くのものを描くときもそのものの近くに身を寄せるという〈臨場的〉なスタンスで描いているということである。この描き方は，西欧でルネッサンス以降主流となり，明治以降日本にも輸入されたと言われる〈遠近法〉の手法とはたしかに対照的である。遠近法では描き手は対象を描くのに都合のよい所に自らの視座を定め，そこから〈見えるように〉（つまり，近くのものは大きく，遠くのものは小さく）描く。そこでは，〈描く主体〉と〈描かれる客体〉とが典型的に対立させられる。

庭園の場合

造園法の伝統にも，平行した対比を認めることができる。西欧の庭園のポイントは，手前に建てられた建物のバルコニーに立ってそこから，奥へ向かって展開する整然とした幾何学的な構成を

図6-4　洛中洛外図屏風（所蔵：米沢市）

眺め，賞賛するということであろう（図6-5）。これと対照的なのは，日本の〈回遊式〉の庭園である。訪れる人は庭園の中で丘を越え，池をめぐり，さまざまな方向に続く道を辿りつつ，歩み行くにつれて刻々と変化する景色を楽しむわけである（図6-6）。ここでは，〈視る主体〉が自ら〈視られる客体〉の中に入り，両者が融合する。〈臨場的〉という特徴づけももちろん妥当するが，〈体験的〉という特徴づけの方がこの場合はもっと合っているかも知れない。

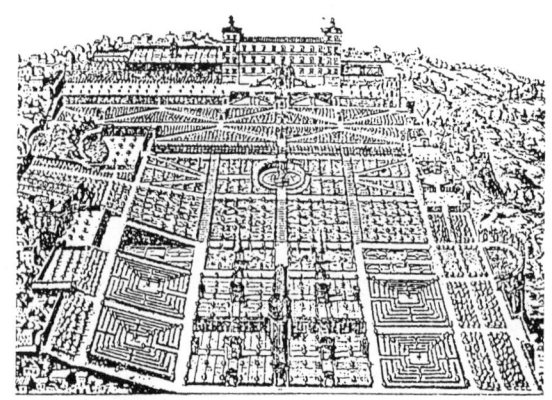

図6－5　イタリアのエステ荘
　　　　出典:『庭のイングランド』川崎寿彦（名古屋大学出版会）

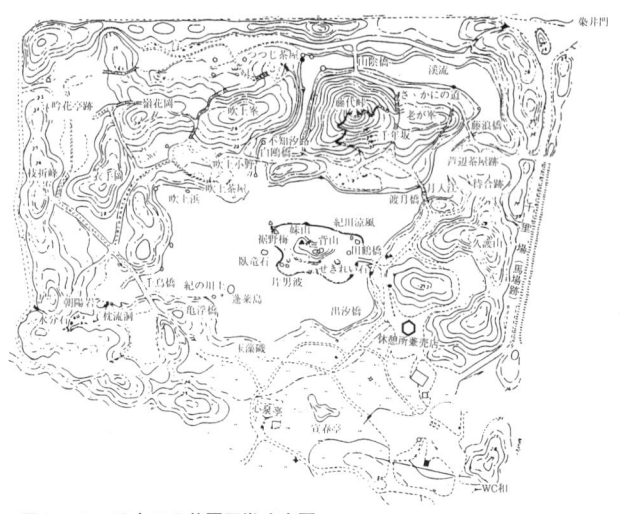

図6－6　日本の六義園回遊式庭園
　　　　（提供：六義園）

異なる表象の部門でありながら，同じような傾向が平行して認められるということはたいへん興味深い。それは，そのような傾向がその文化の構成員の認知的な傾向として深く，しっかりと根づいていることを示唆しているからである。異なる分野におけるこの種の平行性については〈相同性〉(homology) という用語が当てられることがある。ただし，このあたりから，問題は言語学の域を出て，さらに広い記号論の分野へ入っていくことになる。

5．言語の進化

身体性との密着から身体性との乖離へ
　長い時間にわたる人間の言語の進化の歴史の中で考えてみると，〈臨場的〉，〈体験的〉な言語使用というものへのこだわりは，間違いなく人間言語の原初的な段階を特徴づけるものであろう。その出発点は，自らが感知した刺激に起因するほとんど反射的な発声，次いで自らの気づきに誘発された発話——こういった自らの〈体験〉にかかわる言語（ないしは，言語らしいもの）の使用というあたりからではないか，と想像される。当然，それはもっぱら〈モノローグ〉的なことば遣いであったに違いない。それは，当人の〈体験〉と密接に結びついた言語使用ということではすぐれて〈主観的〉なことば遣いとも言えるし，また言語が人間の〈身体性〉と密着していた段階のものであると言うことも可能であろう。

　以後，言語は一方では同じ社会の構成員たちの間でのコミュニケーションの手段として，次第に〈間主観的〉な性格を強めていく。同時に，他方では語られる内容も体験可能な〈ここ，いま〉に関わる範囲を越え，すべての時空帯に，そしてさらに〈非現実〉の世界にまで拡がる〈指差し〉や〈呼びかけ〉などを通じて

言語の〈間主観的〉な機能が促進され，究極的には1つの社会的な〈慣習〉（convention）として言語が個々の構成員の主観を越えた〈客観的〉な存在であるかのように認識されるに至って，言語は身体の一部であることを止め，身体との乖離が完成することになる。

ダイアローグの言語としての補正

　日本語には〈臨場性〉，〈体験性〉への強いこだわりがあるばかりでなく，すでに2節でも見たとおり，ある事態を語る際にもその事態の話し手とのかかわりをも含めて語る強い傾向のあることを確認した。このことをも含め，日本語は相対的に〈主観性〉をかなり色濃く内蔵する言語と言えよう。〈主観性〉が強いということは，言語が〈モノローグ〉として機能する限りはそれでもよかろう。しかし，コミュニケーションを意図した〈ダイアローグ〉の言語として機能するためには，強い〈主観性〉がある程度は補正されることが必要である。実際，日本語は他方では，たとえば対人関係の調節を主な機能とする一連の終助詞の発達，一般にコミュニケーションの成功を支えるのは話し手よりも〈聞き手責任〉であるという受けとめ方，など，いくつかの補正のための特徴も発達させているように思える。

コミュニケーションのための言語へ

　日本語と較べてみると，英語のような言語はダイアローグの言語として期待される特徴をはるかに着実に具備してしまっているという印象を受ける。ダイアローグ（つまり，コミュニケーションのためのことばのやりとり）であれば，話し手と聞き手は相互に役割交替を繰り返す〈話す主体〉として対等の存在である。〈自己〉が〈他者〉なる相手を見るまなざしは，〈他者〉なる相手が

〈自己〉を見るまなざしと対等であり、そこでは〈他者〉なる相手への配慮は欠かすことのできない要件となる。

　日本語の話し手なら、ごく自然のように「わたしとあなた」と言うところを英語の話し手は you and I と言う。あるいは、相手に呼ばれて日本語の話し手が「いま、行くよ/わ」と答えるところに英語の話し手は "Coming." と答える——この種のさりげない言い回しの違いにも、〈自己〉と〈他者〉の捉え方の上での感覚の違いを読みとることは可能であろう。もっぱら〈自己〉の想いを述べる〈主観的〉な、そして〈身体性〉に密着していた言語が、〈他者〉との間のコミュニケーションのための〈間主観的〉ないしは〈客観的〉な手段として、〈身体性〉とは乖離したものという性格を帯びていく進化の過程と平行して、言語の話し手の側での〈自己の他者化〉の性向も強化されていったのではなかろうか。

第7章 ことばの限界を越えて

1. ことばの牢獄

　すぐ気のつくとおり，日常の生活でことばを使う場合，私たちはある決まった仕組みに従って振舞っている。たとえば，いくつかの語をどのような順序で並べるのか，ある語をどういう意味で使うのか——こういうことを私たちは習慣的に，ある種の決まり，ないし，仕組みに添う形で行っている。この種の決まりや仕組みは，ほとんど暗黙のうちにその言語社会に属する人たちの共通の諒解をえているかのようになっており，それに則した使い方をしない限りは，お互いの間でもことばをコミュニケーションの手段として機能させることは，とても望むべくもない。

　日常生活の中での用を足すという程度のことであれば，そのような共通の了承に基づいてのことばの使用ということだけで一応ことがすむかもしれない。しかし，もし日常的な生活経験の域を越えるような新しい発見，印象，そして洞察などについて語るとしたら，どうすればよいか。日常的な経験を語るのであれば，日常的なことば遣いで間に合う——このことは逆に言えば，日常的なことば遣いの枠内で安住している限り，私たちは日常的な経験の域を越えてものを感じ，考え，語ることはできないということである。哲学者のヴィトゲンシュタイン（Ludwig Wittgenstein 1889-1951）は「私のことばの限界は，私の世界の限界である」

("The limits of my language means the limits of my world.") といみじくも述べたが，もしかすると，ことばというものは私たちをある枠の中に閉じ込めておく一種の〈牢獄〉(cf. F. Jameson: *The Prison-House of Language*, 1972) として働くという可能性を孕んでいるということである。

2．〈他者〉としての言語——女性と子どもの視点

フェミニストによる問題提起

人が生まれてから身につけることになる言語は，もともとその人の生まれる前から存在しているものであり，決してその人が自分に適うような形に創りあげたというようなものではない。つまり，人は生まれると同時に〈他者なる言語〉と対することになり，それを社会の一員となる過程において否応なしに身につけることを余儀なくされるわけである。〈他者〉であるという限りにおいて，身につけさせられることになる言語が自らの経験を語るのにもっともふさわしい仕組みを備えているという保証はまったくない。むしろ，自らの思考に忠実になろうと努めれば努めるほど，その借り物としての限界，そぐわなさを意識せざるをえなくなるということもあろう。あるフェミニスト (D. Cameron: *Feminism and Linguistic Theory*, 1985) は，1人の女性の次のような告白を引用している：

> A woman writes: Sometimes when I am talking to people I really feel at a loss for words. I have this idea in my head and a feeling I want to express, and I just can't get it out. I have felt like this for years and I have never been able to understand why.... A vast number of the words I use all the time to describe my experience are not really describing it

at all.

自らが身につけることとなった言語は，どう見ても女性としての自らの想いを的確に表現できるようなものとは思えない。それは実は，この〈他者なる言語〉が男性中心の伝統の中で構築されてきたものであるからである。女性である私たちは，この女性に馴染まない言語の制約から身を解き放って，女性としての真なる経験を語るにはどうすればよいのか——こういう問題提起がなされているわけである。

同じ点はまた別のフェミニスト (D. Spender: *Man-Made Language,* 1980) によってもっと理論的なことばでもって問いかけられている。つまり，一個の人間として社会に受け入れてもらうためには，そこで用いられている言語を身につけなくてはならない。ところがその言語は本来〈家父長的〉(patriarchal)——つまり，男性中心的——なイデオロギーを具現化したものであり，それを身につけさせられることによって，自ら自身の真に自由なものの見方，捉え方が制約されてしまう，そういう状況を打破するためには，言語というものを見直し，再構築することが必要なのではないか——こういう認識から，フェミニストたちの言語批判が展開されていくわけである。

子どもたちからの問いかけ

〈女性のことば〉と〈男性のことば〉との関連ということから少し視点をずらして，〈子どものことば〉と〈大人のことば〉という対比を考えてみると，また興味深い状況を見出すことができる。ごく幼い子どもたちは話し手として，母語の文法や語法を十分に身につけているわけではない。しかし，その一方，彼らにとっては日常的な生活ですら新しい発見や経験に満ち満ちているはずである。子どもたちはそれらを語ろうとして，決してまだ十分

とは言えない自らがすでに身につけている限りのことばを利用する。そのような過程を通じて，子どもたちはさまざまな——ときには大人が使いそうもない——表現を豊かに創り出す。

　子どもたちの側からいえば，大人のことばをまだ身につけきっていないのであるから，自分たちが創り出す表現が大人のことばの慣用に合致するかどうかは関知するところではないし，まして大人のことばの制約を破るというような意識もないはずである。他方，大人の側からするならば，子どもたちの創り出すそういった表現に接するとき，一方では十分にありうる表現と感じる場合から，他方ではどうしようもない表現と感じる場合まで，さまざまな想いを抱かされることになろう。そして前者のような場合，子どもの表現の仕方に反映されている捉え方になるほどそのとおり，そのようなものの見方もできるのだと思わず感心してしまうこともあろう。旧ソ連の児童文学者であったチュコフスキー（K. Chukovsky 1882-1969）は，子どものことばを扱った『2歳から5歳まで』(*From Two to Five*, 1963——ロシア語の原著は初版が1925年。1963年の英訳は1959年刊行の13版に基づくもの) と題された書物の中で，次のような例を挙げている。

　　"Mommie, mommie, the locomotive is taking a bath!"〔生まれて初めて海を行く汽船を見て〕

　　"Can't you see? I'm barefoot all over!"〔丸裸の自分の姿を見て〕

　　"Oh, mommie, what can I do when the fight just crawls out of me!"〔お母さんに喧嘩をするのを止めるように言われて〕

　チュコフスキーは子どものことを「ことばの天才」(a linguistic genius) と言っている。

　おもしろいことにもう少し大きくなると，子どもたちも大人のことばについて論評し，批判めいたことすら言うようになる。チ

ュコフスキーは同じ書物の中で「大人のことばの〈批評家〉としての子どもたち」(Children as "Critics" of Adult Speech) と題した項目で，次のような例を挙げている。

"Why do you say penknife? It should be pencil-knife."
"Do you mean that winter has legs?"〔おばあさんが「冬がやがてやってくる」("Winter is coming soon.") と言ったのに対して〕
"They are not made of fingers, they're made of dough!"〔ある大人が ladyfinger biscuits という表現を口にするのを聞いて〕

日本語でも，子どもがたまたま手の傷の処置をしてもらっていて「手当て」という表現を聞くと，それでは足の傷の場合なら「足当て」というのかと思ったり，大きな編成の交響楽団が「オーケストラ」といわれるのを聞いて，それでは中編成の「チューケストラ」，小編成の「ショーケストラ」もあるのかと思ったりするのも同じような状況である。子どもは語形と語義の間に何らかの意味ある対応のあることを期待しているかのようであり，現実のことばでそうでない場合が許容されていることが意外で不思議にすら思えるのである。ことばというものに対する子どもたちのそのような姿勢の極めつきは，「どうして猫はネコというの」といった類の——大人は考えたこともないし，答えようもない——質問である。

ことばが世界を作るという認識

よく「ことばは〈伝達の手段〉」といわれるとおり，大人によることばの認識は〈単なる手段〉という域を出ないことが多い。〈手段〉というのはある〈目的〉を達成するためには重要であろうが，それ自体は重要なものではないという認識である。ことば

という〈手段〉にとってそれでもって達成されるべき〈目的〉は何であるかといえば,伝達されるべき内容ということになろう。内容の伝達を可能にしてくれればよいのであって,それを差し置いてことばそのものについてとやかく言ったりするのは余分なこと——こういう認識が大人の場合は一般的であるように思える。

　子どもにとってのことばは,これとはかなり違ったものとして受けとめられているように思える。すべてのものごとに名称がついていること,そしてそれを使用することによって,実際のものごとは存在していなくとも,あたかも現前しているかのような状況を演出することができること,あるいは,ことばを発することによって人を動かし,そうすることによって自分は動かなくとも自分の欲求を満たすことも可能であること——ことばの使用についてのごく初期のこの種の経験を通じて,子どもたちはことばに何か不思議な力を感じるのかもしれない。ことばというものがとても興味深い存在として認識されるのであろう。

　これらの経験を経てある段階に至ると,子どもたちはことばについてある1つの重要な発見をする。つまり,ことばの力は,日常の現実の世界の中での必要に応じて使うという場合に尽きるのではなくて,現実の世界を越えた(つまり〈虚構〉(fiction)の)世界をあたかも現実の世界であるかのように創り出すという形でも働くという認識である。先に何か言い表すべきものごとがあって,そこでことばが登場するというのではなくて,先にことばが登場し,自らの有する力でもって新しい世界を現出させるという場合である。英語の伝承的なものの例を2つ,次に挙げておく。

　As I walked down to the wayrail station, I met a bark and it dogged at me. I pulled a hedge out of a stake and necked its knock out.

　One midsummer's night in winter

>   The snow was raining fast,
>   A bare-footed girl with clogs on
>   Stood sitting on the grass.

「犬ニ会ッタラ吠エラレタ」が「吠エニ会ッタラ犬ラレタ」になったり，「冬ノ真夏ノ真夜中ニ雪ガジャージャー降ッテイタ」りする——こういうふうにことばによって現実をひっくり返してみて，一体どのようなおかしな世界が演出されてくるかを子どもたちは楽しむわけである。ときとして〈あべこべ唄〉(topsy-turvy) などと呼ばれることのあるジャンルである。

3．〈詩のことば〉と〈日常のことば〉

詩のことばについての 2 つの見方

〈女性のことば〉と〈男性のことば〉，〈子供のことば〉と〈大人のことば〉という関連で考えたことを念頭に置いて，次に〈詩のことば〉と〈日常のことば〉という対比で考えてみよう。ごくふつうの人にとっても自らの経験や気持を語るのにことばが及ばないというのは珍しいことではない。まして，とりわけ感受性の鋭い詩人と呼ばれる人たちにとっては，それをいかにして克服するかは自らの存在に直接かかわる切実な問題であるに違いない。

〈詩のことば〉は〈日常のことば〉とは本質的に異なるものなのであろうか。英語文学でこの点についての発言としてよく知られているのはイギリスの浪漫主義の詩人ワーズワース (W. Wordsworth 1770-1850) が自らの詩集 *Lyrical Ballads* (1798) の序文の中で述べている次のような主張である。

>   "It may be safely affirmed, there neither is, nor can be, any essential difference between the language of prose and metrical composition. ... the language of such poetry as is

here recommended is, as far as possible, a selection of language really spoken by men...."

　主張の趣旨はたいへん明快である。散文の言語と韻文の言語の間には何らの本質的な違いも存在しないし，また存在するはずもない。詩はできうる限り，人びとが実際に話していることばの中から選んだもので作りあげられなくてはならない，というわけである。

　しかし，そのようなことが本当に可能なのだろうか。たとえばワーズワース自身が「韻律（metre）だけは別」ととくに断っているが，たしかに日常のことばでは〈弱強／弱強…〉などといったパターンに合わせて文を構成することは意図されないし，また〈脚韻（rhyme）〉を作るよう語の選択について配慮する必要もない。しかし，〈詩〉といえばもっぱら〈定型詩〉であった当時では，これらのパターンに合わせての表現は義務的であったわけである。また，そのようなパターンに合わせて語を選び配列するという制約からして，〈詩のことば〉では〈日常のことば〉での文法や語法からの逸脱（たとえば，"A slumber did my spirit seal" といった1行の中での語順や助動詞 do の強調のためでない使い方，動詞 seal の比喩的な意味での使用，"... when I behold / A rainbow in the sky" の behold という当時既に文語に属していた語の選択，など）は普通に見られることであったし，また〈詩的許容〉（poetic licence）という名目のもとに慣行上認められていることでもあった。

　しかし，詩のことばに見られる日常のことばからの〈逸脱〉(deviations) は，単に〈慣行〉(convention) といったことですませておいてよいものであろうか。たとえば，16世紀の古いバラッドとされている次のような表現はどうであろうか。

　Thirty days hath November,

April, June, and September;
Twenty and eight hath February alone,
And all the rest have thirty-one.

1年を構成する12の月がそれぞれ何日から成り立っているかを述べているわけで,内容についてだけならば常識となっている当たり前のことが言われているに過ぎない。しかし,同じ内容であっても,こうした形で提示され,それに接すると,何か口ずさみたくなるような気持に駆られる。そのような魅力あるものに変身するというのは,どういうことであろうか。

実はすぐ上で挙げたようにバラッドは,ワーズワースと同時期の詩人・批評家のコウルリッジ (Samuel T. Coleridge 1772-1834) がその批評論集 *Biographia Literalia* (1817) の中で言及しているものである。コウルリッジはワーズワースと共に *Lyrical Ballads* の共編著者であったが,詩のことばについての考え方は必ずしもワーズワースと同じでなかった。

コウルリッジによれば,詩のことばは,日常のことばとは違って,私たちにある種の 'pleasure' ——コウルリッジは日本語で言えば多分〈感興〉とでもいった意味合いを伝えたいのではないかと思われる——を与えてくれる。言われていることは同じでも,散文の形での表現を詩に特徴的な韻文の形に直しただけでも,このように違いが出てくるのが感じとれるでしょう——コウルリッジは,先ほど挙げた古いバラッドに言及することによってこのように言いたかったのであろう。もちろん日常のことばで書けば,それがそのまますべて詩になるということではない。日常のことばであっても,それが読む人に何らかの感興を与えるような使われ方をされていなければならないということである。

第7章 ことばの限界を越えて————213

詩語法のマンネリ化

 ここでもう一度ワーズワースの，詩は日常のことばで書かれなくてはならないという主張に戻って考えてみると，ワーズワースが日常のことばではないことば，（真の意味での）詩にならないことば，として念頭に置いていたのは，実はある一連の特定の言い回し——自らの浪漫主義の時代に先行する古典主義の時代において詩を作る際に用いるべきものと称されていた〈詩語法〉(Poetic Diction) と呼ばれる語法であったということのようである。ここでいう〈詩語法〉とは，同じことを言うにしても詩では日常のことばで使う言い方をするのでなく，もっと手の込んだ言い方として定められている言い回しを使わなくてはならない——たとえば，〈鳥（の群れ）〉のことは日常のことばでは birds であるが，詩では feathered choir（羽毛の聖歌隊）といった言い方をしなくてはならない——というものである（下の表を参照）。

 〈星〉のことを「ホシ」と言わないで「夜ゴトノ灯（トモシビ）」と言うとすれば，比喩的な言い方をしているのであり，比喩は詩のことばでの表現の効果を高めるお馴染みの手法であることを考えれば，それ自体悪いはずはない。しかし，それもコウルリッジの言うような感興の裏づけなしに機械的に何度も繰り返し使われるならば，わざとらしさが目立つばかりであろう。また，〈詩語法〉では，コロケーション（語結合）についても因習化した決まりがある。たとえば，ある名詞に伴う形容詞も常に自由に

日常の表現と詩語法
 〈鳥〉birds—feathered choir, winged inhabitants of the air, など。
 〈蜜蜂〉bees—busy nation, happy people in their waxen cells, など。
 〈海〉sea—watery plain, liquid empire, など。
 〈太陽〉sun—heaven's eye, lucid orb, など。
 〈星〉stars—radiant orbs, nightly tapers, など。

選択できるというわけではなく，breezeに対してはambrosial, balmy, gentle, soft, whisperingなど，brooksに対してはbubbling, limpid, liquid, lucid, murmuring, purlingなど，逆にfloweryという形容詞なら名詞はbank, hill, mead, path, plain, valeなど，mossyにはbank, cave, grotなどが伴うというわけである。

この時期の代表的な詩人であったポープ（Alexander Pope 1688-1744）は，自らの韻文の詩論，*An Essay on Criticism*（1711）の中で，次のように述べている。

> Where'er you find the "cooling western breeze"
> In the next line it "whispers through the trees."
> 　　　　　　　　　　　（*An Essay on Criticism, ll.* 150-51）

ワーズワースが詩は日常のことばで書かれるべきであると主張した時，排除されるべきものとして詩人の念頭にあったのは，間違いなくすぐ前の時代の詩を特徴づけるこの種の〈詩語法〉——しかも，それが詩人の感興といったこととは無関係であるかの如く，因習的に繰り返されるということ——であった。ワーズワースは，そのようにして，自らが真の詩のことばと信じるものについて，それが満たしているべき言わば必要条件をまず規定してみせたと考えればよいであろう。そうすると，コウルリッジの方は，ただ日常のことばであればよいというのではなく，感興を催すような使い方をされたものという規定を加えることによって，言わば十分条件を述べたということになる。

ことばという〈素材〉

後の現代にも連なる批評理論との関連でいえば，詩のことばの本質は，どのような語彙を選ぶかということではなく，どのような語であれ，それをどのように使うか——いくらか術語的にいう

と，その〈用法〉(use)，ないしは〈機能〉(function) がどのようなものであるか——が決め手になるということである。すぐ上で挙げた〈詩語法〉とされる言い回しの例のリストから窺えるとおり，〈詩語法〉はある種の対象（たとえば，星や海や鳥）は詩で詠まれるにふさわしいという発想とも密接に結びついている。しかし，もちろん星について述べれば，それがそのまま詩になるというわけではない。逆に，病院の裏手の廃棄物集積所に捨てられた割れた注射器からでも，詩が生み出されることもあるわけである。「ある言語表現を芸術作品にならしめるのは何か」("What makes a verbal message a work of art?") というのは，ロシア生まれのアメリカの言語学者ヤコブソン (Roman Jakobson 1896-1982) の有名なことばであるが，答えは間違いなく，言語の〈用法〉，ないし〈機能〉の面に求められなくてはならないということである。しかし，それはどういう〈用法〉なり，〈機能〉なのであろうか。

すぐわかるとおり，こういう視点は，詩ないし文学というものを〈言語芸術〉として捉えようとする姿勢に基づいている。まず第一段階の議論として，〈芸術〉と呼ばれる人間の営みには〈音楽〉，〈絵画〉，〈彫刻〉など，いくつかのジャンルを想定することができるであろうが，〈詩〉（ないし〈文学〉）もその1つのジャンルであるという認識がある。ところで，同じように芸術的なジャンルでありながら，何によってそれぞれのジャンルが他のジャンルと区別されているか——術語的な言い方をすると，その〈示差的特徴〉(distinctive feature) は何か——といえば，それぞれのジャンルの営みにかかわる違った〈素材〉（つまり，〈音楽〉なら音やリズム，〈絵画〉なら色彩や形，など）である。〈詩〉は，言語を素材とするという点がそれを他の芸術的なジャンルと区別する示差的特徴である。したがって，詩あるいは文学をその〈言語

性〉(つまり、それが言語を素材としていること)への特別な配慮なく考察するのは不十分ということになる。(たとえば、芸術的な営みの素材としての言語が、同じように素材として他のジャンルで使われる音とか線と較べてみて違っている重要な点は、言語がそれ自体すでに意味を担っているものであるのに対し、音とか線はそれ自体固有の意味を担っているものではない、ということである。つまり、言語を素材とする詩の場合、それ自体意味ある素材から、より高次の意味あるまとまりが創出されるわけで、詩の批評の言説で、よい意味での〈曖昧さ〉〔ambiguity〕——つまり、意味の重層化、内密性、あるいは、さまざまな意味の絡み合いを通じての新しい意味の創出、ということ——といったことが常に問われるのも、もちろんそれと無関係ではない。)

　次に第2段階の議論として、言語を素材とした営みを通じて生み出されたものであっても、それらがすべて芸術的な価値あるものとして認定されるわけではないのであるから、その差は何によって決まるのかという問いかけが必要である。先ほどすでに見たとおり、これはたとえば、本質的に詩的な言い回しがもともと決まっていてそれを選ぶというようなことでもないし、もともと詩的な内容というのが決まっていてそれらについて述べればよいというようなことでもないということであった。そうではなくて、どのような語句であれ、それをどのように使うか、どのような内容であれ、それをどのように表現するか——要するに、言語という素材の〈用法〉ないし〈機能〉次第で決まるということであった。

ことばの喚情的用法
　言語による表現を〈詩〉として特徴づけることができるのは、具体的にいって、言語のどのような〈用法〉、あるいは〈機能〉

なのであろうか。この点について論じた目立つ事例が2つある。その1つはイギリスの批評家リチャーズ (Ivor A. Richards 1893-1979) によるもので，その主著 *Principles of Literary Criticism* (1924) の中で次のように述べている。

> A statement may be used for the sake of the *reference*, true or false, which it causes. This is the *scientific* use of language. But it may also be used for the sake of the effects in emotion and attitude produced by the reference it occasions. This is the *emotive* use of language.... Poetry affords the clearest examples of this subordination of reference to attitude. It is the supreme form of *emotive* language.

リチャーズによれば，言語による陳述の用いられ方には大きく分けて2つある。1つは，ある内容（真なるものでも偽なるものでもよい）を指し示す——つまり，〈指示〉(reference) のためで，これは言語の〈科学的用法〉である。もう1つは，指し示される対象によって結果として引き起こされる感情とか態度の表示のためで，これは言語の〈喚情的用法〉である。リチャーズはさらにつけ加えて，科学的なことば遣いでは，述べられていることの内容が現実の内容に一致していなければだめであるが，喚情的なことば遣いではかりにそういう不一致であったとしても，それで引き起こされる感情なり態度が妥当なものであれば問題はなく，また，議論の論理的な展開は前者では必要だが，後者では必要とされない。そして「詩は喚情的な言語の最高形式」と述べている。

ことばの詩的機能

もう1つは，ヤコブソンが 'Poetics and Linguistics' (1960) と題した論考で論じているものである。この論考でヤコブソンは

6個の〈機能〉を想定し,その1つが〈詩的機能〉と呼ばれている。ヤコブソンはまず典型的なコミュニケーションの場として6個の要因から成るものを想定し,どの要因とのかかわりがとくに顕著であるかに応じて6個の言語機能を立てる。

まず〈話し手〉とのかかわりの顕著な場合は〈表出機能〉(expressive function)で,話し手が自分の気持ちの表出として用いる感嘆文のような場合。次に〈聞き手〉とのかかわりが顕著な場合は〈働きかけ機能〉(conative function)で,聞き手に何かをさせようとして投げかける命令文のような場合。

以下,かかわりの顕著な対象が〈コンテクスト〉の場合は〈指示機能〉(referential function)(ある話題内容について述べる平叙文のような場合)。〈コード〉の場合は〈メタ言語機能〉(「ツクエ(という語)は名詞である」という文におけるように,語がコード(つまり,言語についての決まり)の中の単位である語としての自らを指すような使い方——「このツクエは壊れている」のように「ツクエ」という語が〈机〉という対象物に適用される〈指示機能〉の場合と比較するとよい),話し手と聞き手の間での伝達を可能にする〈経路〉(channel)とのかかわりが顕著な場合は〈交話機能〉(phatic function)(たとえば,相手とのコミュニケーションのチャンネルがつながっていることを確認するための電話での「モシ,モシ」,広くは相手との交話が可能である程度の親しい関係の確認としての挨拶のことば,など)。

そして最後に〈詩的機能〉であるが,これは次のように規定されている。

> The set (Einstellung) toward the MESSAGE as such, focus on the message for its own sake, is the POETIC function of language.

ヤコブソンでは,6つの言語機能がすべて上に引用した〈詩的

機能〉の場合と同じ言い回し (the set toward...) で定義されている。定義の中で，set という語は日本語でいうならば文字どおりには「志向性」（あるいは「指向性」）あたりが近いであろう。（ヤコブソンは set という語の多義に配慮して，この語にドイツ語の Einstellung を注記として添えている。toward という前置詞を伴って，あるもの／ある方向へ向かうエネルギーの存在を暗示するような意味合いである。）また，message は話し手と聞き手の間で交わされる言語表現のことである。ここでは〈詩的機能〉が〈メッセージそのものへの志向性〉と規定されているわけである。この規定の意味は必ずしも自明でないかもしれないが，注意すべきは〈メッセージそのもの〉というふうに〈そのもの〉(as such) という限定がわざわざ付されていることである。つまり，コミュニケーションの場でメッセージを受けとった場合，私たちはふつうそのメッセージが伝えようとしている内容に関心を向ける。（これはすでに触れた〈指示機能〉を託されたものとして私たちがメッセージに対している場合である。）

このような場合，内容に関心が向けられる反面，その内容を伝えるメッセージの表現面の特徴（たとえば，母音で始まる語が多く，あるいは，少なく使われていた）といったようなことは，ほとんど私たちの注意の対象にすらならない。つまり，メッセージはまるで透明体であるかの如く存在感が稀薄で，私たちの関心はすぐそこを通過してメッセージの伝えようとする内容のほうへと行ってしまう。伝達を目的とする実用的なメッセージであれば，それで十分であるし，そのほうがむしろ望ましいことであろう。

しかし，ときとしてメッセージそのものがそこを通り抜けようとする私たちを押しとどめ，その表現面の特徴へ（ときには内容面との関連で）私たちの注意を向けさせるということが起こる。たとえば，詩の作品を読み解こうとしているような場合である。

私たちは詩の作品という形でのメッセージを素早く通り抜けて彼岸の内容へ赴こうとするかもしれないが、詩のことばはそれを許さない。旅人に謎を掛けるスフィンクスのように行く手を遮って立ちはだかり、読み解いてみよと挑む。あえてそれと取り組み、成功した人にのみ、謎めいたことばの背後にある啓示に接することができるということである——〈メッセージそのものへの志向性〉という規定で〈詩的機能〉を捉えるということは、おおよそこのような論理に基づいているものと思われる。

〈ことばそのもの〉への注目

　もう少し一般化して考えてみれば、〈詩的機能〉とは〈ことばそのものへの注目〉と言ってもよいであろう。この意味での〈詩的機能〉は、〈ことばそのもの〉の彼方にある（と想定される）〈内容〉への注目を志向する伝達目的のことば遣い——しばしば対比して〈実用的機能〉(practical function) と呼ばれる——と対立する。ことばが内容伝達という目的を達成するための〈手段〉に供される〈実用的機能〉とは対照的に、〈詩的機能〉ではことばそのものとの取り組みを通じて、どのような（ときには予想もしなかった）意味が生じてくるかが試される（ときには楽しまれる）だけで、何らの実用性も意図されていない（いわば、そうすることをしてみることだけの〈自己目的〉的な）、純粋な営みであり、その意味で〈芸術のための芸術〉と称される芸術的な営みにも通じるわけである。（そういうわけで、〈詩的機能〉はことば以外を素材とする場合にまで適用を拡げて〈美的機能〉(aesthetic function) と呼ばれることもある。）

　〈詩的機能〉という概念で注意しておくべきことは、これは別に狭義の〈詩〉においてのみ認められるというようなものではないという点である。〈ことばそのものへの注目〉ということでい

えば,すでに見たとおり,子どものことばに対する関心にも,またフェミニストのことばへのこだわりにも,まさにそのように特徴づけられる側面があるわけである。何が共通しているのかという問いかけに答えるとすれば,いずれの場合もその時点で自らにかかわることばの限界を越えた新しい意味の創出とでもいえばよいであろう。これはもちろん狭義の詩についての場合にも当てはまる。

しばしば指摘されるとおり,poetry という語の語根は古代ギリシァ語で〈作り出す〉を意味する動詞に遡る。新しい意味なり価値なりが創出されるのであれば,それが言語を媒体としてなされるものであろうと,言語以外の表象媒体によってなされるものであろうと,この意味での〈詩的機能〉が認められるというわけである。

喚情的用法か詩的機能か

ところで,もう1つ気がかりな問題が残っている。日常的なことば遣いに対して,詩的なことば遣いが備えている特徴として,リチャーズは〈喚情的用法〉,ヤコブソンは〈詩的機能〉というものをそれぞれ想定した。しかし,この2つは相互にかなり違っているように見える。説明的な言い方をすれば,前者は〈感情を喚起するようなことば遣い〉,後者は〈ことばそのものへの注目を生み出すようなことば遣い〉ということである。それに,ヤコブソンの規定した6つの言語機能の中には〈表出機能〉というのがあり,後者は発話する側から,前者は発話を受ける側から,という視点の違いはあるけれども,どちらも人の気持ち,感情にかかわっているという点では共通している。

2つの考え方の異同を確認する1つのやり方は,それぞれの立場でもっとも純粋に詩的といえる表現とはどのようなものである

かを考えてみることである。リチャーズの〈喚情的用法〉は本質的にはヤコブソンの〈表出機能〉に対応すると一応前提してみることにしよう。いちばん純粋に〈表出機能〉によって特徴づけられる言語的メッセージとは、どのようなものであろうか。以前にも触れたが、品詞でいうと〈感嘆詞〉は比較的純粋に表出機能によって特徴づけられる語である。そうだとすると、感嘆詞のみから成るメッセージがあれば、もっとも純粋に詩らしい表現ということになる。

　一方、〈詩的機能〉によってもっとも純粋に特徴づけられる言語的メッセージとは、どのようなものになるであろうか。語の意味が容易にわかって、すぐメッセージの彼方にある内容に到達できるようなものであってはならないのである。難解でなかなかメッセージの彼方にある内容に到着できない言語的メッセージであれば、ことばそのものを確実に見据え、それとの直接の取り組みをとおして意味の創出を試みるという過程は回避できない。ところで、もっとも難解なメッセージ——もっとも頑固に解読を拒むメッセージ——とは、どのようなものであろうか。それは〈無意味なことば〉、つまり、その言語に実際には存在しない（そして、それでいて、一応その言語の語であるような）語（らしきもの）から成るメッセージである。（実際にヤコブソン自身が若い頃つき合っていた20世紀初頭のロシアの革新的な詩人たちは、そう考えていたようである。）感嘆詞の羅列と極限的なナンセンス詩——２つの考え方から導き出されるもっとも純粋な詩的メッセージの姿は、たいへんかけ離れたものになる。これはどのように考えればよいのであろうか。

　多分１つには、リチャーズとヤコブソンとでは議論の枠組みに少しずれがあるということであろう。〈詩的なことば〉を何と対比するかという点で、リチャーズのほうは、論理的に構成され、

常に真の指示のみを述べる〈科学的なことば〉を想定しているようである。他方,ヤコブソンのほうは,伝達という実用的な役割を課せられている〈日常のことば〉を考えての議論をしているようである。論理実証主義的な客観性に裏づけられた〈科学的なことば〉と対比されることによって,リチャーズの〈詩的なことば〉は,主観的な感情によって彩られ,あらゆる虚構をも許容するものとして特徴づけられることとなったのであろう。ヤコブソンの〈詩的なことば〉は,内容伝達の手段としてそれ自体の存在感はきわめて稀薄になってしまっている〈日常のことば〉と対比されることによって,それ自体が新しい意味を創出する可能性を宿す無視できない存在として捉えられるということになったのであろう。

〈表現〉か〈内容〉か──漱石とリチャーズの違い

注目しておいてよいことは,両者の間のこのようなずれにもかかわらず,リチャーズにせよ,ヤコブソンにせよ,詩というものの本質を捉えるに際して──リチャーズは〈用法〉,ヤコブソンは〈機能〉と用語こそ同じではないが──両者とも共通して〈ことばの使われ方〉という点に焦点を当てて論じているという点である。この点を念頭に置いて,今度は日本の文芸論の伝統の中では同じような問題がどのように捉えられているかを考えてみたい。やはり2人の人物──1人は夏目漱石(1867-1916),もう1人は芥川龍之介(1892-1927)──を取りあげることになる。

夏目漱石がこの種の問題を論じているのは,1907年に刊行された『文学論』と題された著作である。「文学の如何なるものなるか」を論じたというこの著作は,第6章で述べたとおり,漱石が2年のロンドン留学から帰国して東京大学で英文学を講じるようになって間もなく,1903年9月から1905年6月の2か年の講義内

容がもとになっている。冒頭の叙述は，次のように始まっている。

凡（およ）そ文学的内容の形式は (F+f) なることを要す。F は焦点的印象又は観念を意味し，f はこれに附着する情緒を意味す。されば上述の公式は印象又は観念の二方面即ち認識的要素 (F) と情緒的要素 (f) との結合を示したるものと云い得べし。……文学的内容たり得べきは……(F+f) の形式を具（そな）うるものとす。

　一見，漱石の定式化はリチャーズのそれと平行しているように思える。漱石の言う〈認識的要素 (F)〉とはリチャーズの言う内容指示にかかわる〈科学的用法〉に，〈情緒的要素 (f)〉とはリチャーズの言う感情／態度の喚起にかかわる〈喚情的用法〉に，それぞれ一致するようである。文学的の成立には〈情緒的要素〉が欠かせないと述べているところも，リチャーズが詩は喚情的なことば遣いの最高形式であると捉えているのと平行する。しかし，ここで見落としてはならないのは，リチャーズが〈ことばの用法〉という視点から詩の規定を試みているのに対し，漱石は自らも言っているとおり，〈文学的内容〉という視点から文学というものを特徴づけようとしているということである。『文学論』の中で漱石が実際に行っている具体例の分析やそれについての議論を見てみると，〈修辞学〉的と呼んでよいような形でのことばの操作をめぐっての叙述が基調になっている。

　漱石とリチャーズの間に認められるずれの背景には，おそらく言語というものに対してのそれぞれの文化的な伝統の中での思い込みにずれがあるということではないかと思われる。日本の伝統では，〈ことば〉は〈こころ〉と対比された上で，重要なのは〈こころ〉の方であり，然るべき〈こころ〉があれば〈ことば〉もおのずから然るべきものになるはず，つまり，両者は連続したもの，といった思い込みが強いように思われる。一方，西欧の伝

統では〈ことば〉は（それによって指される外界の）〈もの〉と対比され，もし指示が不十分な形でしか行われないとしたら，〈ことば〉に手を加え，より完全なものへと作り変えればよい，といった捉え方である。

　詩ないし文学を成り立たせるための要因として，感情ないし情緒を考える点ではリチャーズと漱石の間には親近性はあるが，前者がそれを〈ことば〉（表現）の問題として捉えるのに対し，後者はそれを〈こころ〉（内容）の問題として捉える。その点で，漱石はヤコブソンの〈詩的機能〉という形での，もっと徹底した〈ことば〉の問題として詩を考えようとする立場からはさらに離れたところにあると言ってよいであろう。

何が〈文芸〉を成立させるのか

　もう1人，芥川龍之介にも量こそ多くはないが，ここで〈詩〉ないし〈文学〉と言っているところに〈文芸〉という語を置き換える形で，その〈ことば〉との関連を論じている著作がある。比較的まとまっているのが「文芸一般論」，「文芸鑑賞講座」，他に断片的な発言が「文芸的な，余りに文芸的な」を中心に見られる。次に挙げるのは「文芸一般論」（1924-25）からの引用である。

　　文芸には小説とか，抒情詩とか，或は又戯曲とか，色々の形式がありますが，兎に角如何なる文芸も言語を使わなければなりません。……しかし勿論こう言うことは言語或は文字を並べさえすれば，何でも文芸になると言うのではありません。……「二等辺三角形の頂角の二等分線は底辺を二等分す」と言う文句が文芸でない事は明らかであります……すると文芸とは何であるかと言えば，まず「言語或は文字に依る――言語或は文字を表現の手段にする或一つの芸術である。」――こう言うことが出来るかと思います。……文芸上の作品は一

方に内容を持っていると同時に，他方にはその内容に形を与える或構成上の原則を持っていなければなりません。……わたしの形式と名づけるのは実にこの構成上の原則を指しているのであります。内容は……絶対に形式を必要としています。……技巧とは或内容を表現する手練──即ちこの形式を与える手練でありますから，これを等閑に附することは考えものと言わなければなりません。

　基本的な問題提起に関して芥川の論じ方は明快で，先ほど取りあげたヤコブソンの論じ方と平行している。（もちろん，時代から言うと，芥川のほうが先行しているわけである。）現代の〈詩学〉ふうに言い直してみると，次のようになるであろう──文芸は芸術の1つの形式である。では，文芸をそれ以外の芸術の形式と区別する示差的特徴は何か，といえば，言語を素材としていることである。しかし，言語で書かれたものならすべて文芸になるというわけではない。それでは，文芸をそれ以外の言語で書かれたものと区別する示差的特徴は何なのか──芥川自身のことばだと，「文芸をして文芸たらしめるもの」は何なのか。この問いかけは，「言語的メッセージを芸術作品たらしめるものは何か」というヤコブソンの問いかけそのものである。

　すでに見たとおり，ヤコブソンは自らの問いかけに対して，表現媒体としての言語そのものの前景化とでもいった答えを明示した。芥川の方はといえば，そこまで還元してしまうようなやり方で考察するつもりはなかったようである。芥川は〈文芸〉として仕上げられる内容に──漱石と同じように，しかし，漱石にとくに言及することなく──〈認識的〉なものと〈情緒的〉なものがあり，後者を欠いては〈文芸〉は成立しないと考える。

　ただし，芥川の言う〈文芸的内容〉とはすでに言語化の操作を経て形式を与えられている内容──「言語の意味と言語の音との

一つになった『全体』」——として解されており、この段階で「生命が伝えられるか伝えられないか」によって〈文芸〉になったり、ならなかったりするものとされている。その違いは、「内容」にどのような「形式」、あるいは「構成」が与えられるかということで、決めてとなるのは「形式」ないし「構成」を創り出す「技巧」——芥川はこの「技巧」ということばのニュアンスを気にしているが、現代の詩学の用語でなら「手法」(device) と言うところであろう——であると述べている。日本の伝統的な文芸の諸形式の可能性に深い関心を寄せたり、言語音の聴覚的効果や文字の視覚的効果を論じることも怠らない芥川は、たしかに創作の手法の意識的な把握に関心のあった作家だったのであろう。そのような関心が〈文芸〉を論じる折にその媒体としての言語に意識的な眼を向けさせ、それが芥川の議論にいくらか西欧的な感じを与えることになっているのであろう。しかし、それでも究極的にはその眼は〈ことば〉そのものへ向かうよりも、〈ことば〉にかかわる〈ひと〉のほうへ向かっていることも興味深い。芥川が「後の機会」に回した「ナンセンス・ライム」を論じていたら、どのような議論になっていたであろうか。

4. 俳句と英語——翻訳の可能性と限界

言語の性格と好まれる文学的ジャンル

　文学が言語芸術、つまり、言語を素材として成り立つ芸術的ジャンルであるとして、一般に、ある言語の特徴はその言語を素材として生み出される文学の性格に影響するものであろうか。まず言えることは、ことばが芸術を絶対的な形で制約するというようなことはないということである。なぜなら、芸術は新しい価値を生み出す営みであり、したがって素材が言語である文学の場合も、

日常言語のもつ制約を越え，その彼岸にある新しい経験を捉えようとする試みは必然的に起こるはずだし，その起こり方が予見不可能なものになることを妨げるものもないからである。

　ただ，さまざまな文学的なジャンルがありうる中で，もしある特定のジャンルが他の言語圏と較べてとくに好まれるとか，あるいは他の言語圏には認められないとかといったことであれば，1つの仮説として，その特定のジャンルと該当の言語圏の言語の特徴とでは，何らかの形での関連性があるのではないかと想定してみることは許されよう。日本語についてそのようなことを考える場合，たとえば〈俳句〉というのはどうであろうか。俳句は文学作品の形式としては世界で最小と言われるが，今のところそれを明確に否定するような事例は他に発見されていないようである。俳句という短い文学的ジャンルは，日本語の何らかの特徴と関連のあることなのであろうか。

　注意しておかなくてはならないことであるが，俳句と日本語の関連性と言ったけれども，これは実は短絡的な表現なのである。俳句に作り手がいるように，日本語には話し手がいる。そして，俳句の作り手は日本語の話し手と重なる。したがって，もし俳句と日本語の間に関連性があるとすれば，そのつながりは一方では，俳句の作り手（読み手の場合も含む）と日本語の話し手（聞き手の場合も含む）の一方では俳句に対しての振舞い方，他方では日本語に関しての振舞い方——この両者の間の関連性に求められなくてはならないということである。

　異なる言語の間でこの種の点について差があるかどうかを検証してみる1つのやり方は，一方の言語による文学作品を他方の言語に訳してみるということである。その際，文学作品として取りあげるのは，詩の作品がもっともよいであろう。小説とか劇とかと較べてみると，詩は間違いなくその芸術的な効果をもっとも高

い程度にことばの遣い方によっている文学的ジャンルと考えられるからである。もし一方の言語の詩を他方の言語に訳してみて——しかも、それをできるだけ逐語訳に近い形でやってみて——その上で、後者の言語の話し手がもとの作品の言語の話し手が読みとり、感じとるのと同じような効果を読みとり、感じとることができるのなら、もとの言語の詩の有する芸術的な効果とそれが書かれているもとの言語の特徴との間にはとくに有意義な関連性はないということになる。

俳句の逐語的な訳とパラフレイズ的な訳

興味ある事例として取りあげたいのは、俳句の翻訳である。芭蕉のよく知られた句の4篇の英語訳を挙げてみる。訳はどれも英語母語話者によるもので出版されているものである。

古池や 蛙(かわず)とびこむ 水の音

(1) The ancient pond
　　A frog leaps in
　　The sound of the water.

(2) The quiet pond
　　A frog leaps in,
　　The sound of the water.

(3) Into the calm old lake
　　A frog with flying leap goes plop!
　　The peaceful hush to break.

(4) A lonely pond in age-old stillness sleeps...

Apart, unstirred by sound or motion ... till
Suddenly into it a lithe frog leaps.

　4つの英訳を較べてみてすぐ気がつくのは，長さにずいぶん差があるということである。(1)と(2)は短くて12語であるのに対し，(3)と(4)は長くて，(3)は17語，(4)は21語である。もとの芭蕉の句とつき合わせてみると，(1)と(2)は（たとえば，英語として必要な冠詞を補うといったことは別として）比較的逐語訳に近い。それに対して，(3)と(4)は原句の長さと較べて非常に長くなっているという印象を与えるし，もとの句では述べられていないようなことも語られているということがわかる。逐語訳的な訳では不十分で，翻訳者として責任が果たせていないとでもいった気持があるかのように見える。

　逐語訳的な英訳ではなぜ不十分なのか。アメリカの大学などで学生に日本の俳句について話した折の経験としてよく聞かされる話であるが，俳句の中でももっとも著名と言ってもよいくらいのこの句の逐語的な英訳を提示すると，読んだ学生の典型的な反応は"So what?"（だから，どうなの？）という発言とのことである。〈蛙が池に飛び込んで水の音がする〉——それがどうしたのか，どういう意味なのか，どうしてそれが最高の芸術作品なのか，というわけである。

　十分想像できることであるが，日本語話者であっても俳句に接したことのないような人であれば，同じような感想をもつかもしれない。事実，第二次世界大戦が終わって間もない頃，俳句は実は低いレベルの芸術，〈第二芸術〉であると称されたこともあった。また，ドイツで一部の詩人が俳句に関心を抱き，俳句のつもりで（'Haiku'と称して）短詩を作るとき，できた作品は伝統的に'Epigram'（警句）と呼ばれているジャンル——巧みな，とき

に奇抜な短い表現で人生の真理を述べた句——に近いもののように思えることもある。何かしっかりした意味が欲しいわけである。

読者の積極的介入

　俳句は詩形が短い。したがって，そこから読みとられる文字どおりの意味は決して多くない。しかし，それでもそれは芸術的な価値ある作品として機能しうる——たしかに，これはパラドックスである。どうしてそのようなパラドックスが可能になるのか，といえば，それは究極的には，読者の側からの積極的な関与が前提とされているからである。

　ほとんどすべての俳句について言えることは，それが述べているのは抽象的な真理といったようなものではなく，ごく日常的な生活の中で作者に何か鮮明な印象を残した具体的な一片の体験である。大抵の場合，表面的にはそれは1コマの情景描写に過ぎないように思える。しかし，大切なことは，それは単なる客観的な情景描写ではなく，実は言語化されてはいないが，そこに作者が臨場している情景，その作者によって直接見られたり，聞かれたりした（つまり体験された）情景（あるいは，そういう建前での虚構としての情景）であるということである。（まさに〈状景〉というよりは〈情景〉といったほうがふさわしい——つまり，作者が体験し，作者に何らかの感興を生み出した——情景なのである。）

　上の点での認識のなされたあとは，問題の句についての読者の鑑賞はほぼ以下のような過程を経て進んでいくことが想定される。句に詠まれている情景——そこに臨場していた作者はどのような想いでその情景に接していたであろうかという点についての読者の想像——もし自分が作者と同じようにその場に臨場していて同じ情景と接していたら，どのような想いを抱くであろうかという点についての読者の想像——その自分の想いに作者の想い（と想

定されるもの）を重ねたら，さらにどのような想いが生まれるであろうか——さまざまな可能な想いから，同じ場所を訪れ，同じ情景に接した（あるいは，接する）数えきれないほど多くの人たちに想いを馳せる……多分，こういった形で尽きない想いがどこまででも，またいつまでも拡がっていくであろう。作品自体が語る文字どおりの意味はごく限られたものであっても，それに触発されて読者の側がその気になって関与を深めていくならば，作品の生み出す意味は無限に拡がっていくことになろう。つまり，俳句は読者の側からの積極的な関与を前提とした芸術作品であり，読者のほうもそういう形で作者との一種の一体感を経験することができ，そういう経験が読者にとって言い難い昇華した気持を与えてくれるのであろう。

〈話し手責任〉と〈聞き手責任〉

　俳句における読者の側からの積極的な関与という振舞い方は，日常生活レベルでの日本語話者の振舞い方と平行したものとして捉えることが可能であろうか。つまり，日本語話者は日常のいろいろな場面での対話において，相手の話すことを（たとえ，それが不十分な提示のされ方であったとしても）理解しようと努力する傾向が顕著であると一般に言えるか，という問題である。もちろん，この点は日本語の世界の中だけに身を置いていたら，判断のしようがないことで，他の言語の場合との比較，対比という視点が欠かせない。たいへん興味深いことに，アメリカの日本語学者として著名であったハインズ（John Hinds）は，'Reader vs. Writer Responsibility: A New Typology'（1987）と題した論文でこの点について論じている。

　ハインズは諸言語を類型に分けてみた場合，コミュニケーションの成功に関して，発信側の話し手（あるいは，書き手）のほう

に責任があるとする言語と，受信側の聞き手（あるいは，読み手）のほうに責任があるとする言語とがあるという。（言い換えれば，逆にコミュニケーションが首尾よく行かなかった場合，話し手〈あるいは，書き手〉のほうの提示の仕方が十分でなかったからだとする言語と，聞き手〈あるいは，読み手〉のほうが理解しようとする努力が十分でなかったからだとする言語があるということである。）そして，ハインズは英語は前者の類型に属する言語，それに対して，日本語は後者の類型に属する言語であると考える。

ハインズはそのような違いを示唆すると思える1つの逸話を挙げている。アメリカ人の女性が銀座東急ホテルへ行こうとしてタクシーに乗ったら，着いたのは銀座第一ホテルだったという。そこで彼女とタクシーの運転手の2人の間に交わされたやり取りであるが，アメリカ人の女性は「ごめんなさい。もっとはっきり言うべきでした」と言い，これに対してタクシーの運転手のほうは「とんでもありません。私のほうこそもっと注意して聞くべきところでした」と答えたとのことである。

この話自体は単なる1つの逸話に過ぎないものかもしれないが，考えてみると，教育の場でも日本では伝統的には〈聞き手責任〉とする——つまり，理解できないのは，よく聞いていなかったからとする——発想が中心であったように思われる。たとえば，偉い先生の直接の指導がえられるということで弟子入りを果たしたものの，毎日掃除ばかりをさせられて，直接教えを乞う機会などなかった。ところがそういうふうにして傍(はた)から先生の言動に接して自分でそれについていろいろと思索しているうちに，いつの間にか悟るところがあったらしく，後にすぐれた人格者なり，学者になるしっかりした素地ができていた——こういった話は，かつての〈聞き手責任〉的な教育観を象徴しているし，逆に現在のような教員評価制への傾斜は明らかにそれが〈話し手責任〉の方向

に変わってきたことを示している。

　日本語話者どうしでの日常的なレベルでの会話が欧米系の言語の話し手によって観察されるときに、ほとんど決まったように指摘されるのが〈相槌(あいづち)〉と呼ばれる振舞いである。日本語話者自身のほうは気づいていないようでも、傍から観察していると、頻繁に（ときには「ウン」といった短い発声を伴って）首を縦に振る身振りがなされることがよほど気になるらしいし、ときにはそれが相手の言ったことに対する同意の表明と受け取られ、誤解を生むことすらあるようである。たしかに欧米系の話者であれば、聞き手としての振舞いはじっと相手の眼ないし顔を見つめて聞き入っているというのがふつうであり、よほど相手の言うことへの同意を積極的に表明したいのでない限り、大きくうなずくというような反応はしない。日本語話者にとっての相槌は、必ずしも積極的な同意を意味しているわけではない。むしろ、基本的にはそれは相手の話に注意して聞き入っているという姿勢の表示——つまり、〈聞き手責任〉を果たしているということの表示——であり、聞き手として文化的に期待されるとおり、礼儀正しく振舞っているというだけのことであろう。〈聞き手責任〉的な振舞い方が文化的にも組み込まれているわけである。

　ハインズも述べているように、〈話し手責任〉、〈聞き手責任〉といっても、ある言語の話者がどちらかとして一方的に特徴づけられるというのではなく、さまざまな程度でどちらかの類型のほうに傾斜するということである。どの言語の話者も、たとえば詩を読むような場合は、〈聞き手／読み手責任〉的に振舞わねばならないわけである。その上で、日本語の話者は、たとえば英語の話者と較べてみた場合、より多く〈聞き手責任〉的な振舞いの方向へ傾くということは、ハインズとともに認めてもよいのではないであろうか。そうすると、そのような文化的な環境の中で、俳

句のような〈聞き手責任〉的な接し方を当然の前提とするような文学的ジャンルが発達し，狭義の俳人に限らず多くの一般の人びとによっても好まれているということもまったくの偶然ではないであろう。

しかし，もしそのような前提での文学的ジャンルに，〈話し手責任〉を当然の前提とする文化圏の人たちが接したら，どうなるか。俳句の逐語訳的な英語に接して，"So what?" と戸惑いの気持ちとともに問い返してきたという英語の話者の反応は十分に理解できるであろう。しかし，だからといって，本来読み手が作者とともに創造しなくてはならないはずの意味が明示的な形で言語化され，提示されたとしたら，〈聞き手責任〉を前提として接するはずの文化圏の読者にとっては，自らのするはずの読みの楽しみが奪われてしまったことになり，もはや俳句と接していることにはならないわけである。

ずれるイメージ，削られる意味

以上考察してきたさまざまな点を念頭に置いて，最後に俳句とその英訳をいくつかの具体例によって検討してみよう。取りあげるのは芭蕉のよく知られた辞世の句「旅に病んで　夢は枯野をかけ廻(めぐ)る」である。

(5) 　Ailing on my travels,
　　　Yet my dream wandering
　　　Over withered moors.

(6) 　Ill on a journey;
　　　My dreams wander
　　　Over withered moors.

(7) On a journey, ill
And over fields all withered; dreams
Go wandering still.

　まず原句の冒頭の「旅」はどう訳されているであろうか。(5)では travels, (6)と(7)とでは a journey となっている。同じ「旅」という語の訳だから，travel と journey とはまったく同じ意味かといえば，もちろん，そのようなことではない，travel が日常ごくふつうに使われる語であるのに対して，journey のほうは使われ方によってはいくらか文語的な感じのする語である。つまり，両者の間には文体的な価値の上でいくらかずれがありうるのである。(日本語でも「旅」と「旅行」を較べてみれば，いくらかその種の違いが感じとれるかもしれない。) さらに，意味の上でも両者の間には差がある。journey は，基本的には，ある出発点から想定されるある到着点までの移動というイメージであるが，travel のほうはたとえば周遊のように，あちこち回って旅する(そして最後にはまた出発点に戻ってくる)ということでもよいわけである。

　では，英語の journey と travel の間には以上のような差があるとして，原句の「旅」に対してどちらが適切な訳語といえるのか。十分想像できるように，これはどちらか一方がよくて他方はよくないというような形で結論の出せる問題ではない。日本語の「旅」は少なくとも現在の私たちにとっては，「旅行」と較べるとどこか昔のひなびた風情を感じさせる趣きがあり，その意味でいくらか詩的な感じがするのではないだろうか。もしそうなら，詩的な感じということでは英語の journey のほうが近いと言えるかも知れない。(life's journey〈人生の旅〉といった表現を考えてみるのもよいであろう。)

　しかし，芭蕉自身にとってはどうであろうか。「旅行」という語はまだなかったはずで，「旅」という語がその頃は〈ふつう〉

の語であったはずである。そうすると，その点では現代の travel でよいと言うことができる。次に，意味のほうに焦点を合わせて考えてみたらどうであろうか。奥の細道をめぐっての長い旅，それからそれ以外にも芭蕉がした旅を考えるならば，具体的，現実的に捉えるなら，イメージとしては travel の複数形がぴったりという感じかもしれない。しかし，それでは journey という語の選択は不適切ということであろうか。具体的な個々の旅を念頭に置くのではなく，もっと抽象的に，たとえば，芭蕉の一生は芸道の理想をひたすらに求めての長い旅であったと考えれば，どうであろうか。これは journey のイメージであり，抽象的，象徴的に捉えるなら，この訳語も原句から読みとれる意味合いとして排除できないと感じられるであろう。問題はどちらの解釈が正しいか，というようなことではないのである。そうではなくて，芭蕉の句の中の「旅」はそのどちらの意味にも解釈される余地を有しているということである。そして，それが travel なり journey なり，どちらかの語によって置き換えられると，そのどちらか半面の意味だけに焦点が当てられ，もう一方の意味が切り捨てられてしまうということである。結果として意味の輪郭は当然明確になるけれども，その反面，1つの表現にいくつもの意味が重なるという詩のことばに見られる特徴的な状態は少なくとも部分的には損なわれてしまうわけである。

　次に「病んで」の訳はどうであろうか。これも(5)では ailing，(6)と(7)では ill というふうに2通りに分かれている。もちろん，ailing と ill は厳密な意味での同義語ではない。まず，ailing は日常あまり見かける語ではなく，はっきりと文語，古語といった文体的価値を有している。それに対して ill は，ごく日常的な文体レベルに属する語である。原句の「病む」という語は，現在の日本語の感じでは明らかに文語であるから，その点 ailing のほ

うが近いと言えるかもしれないが、芭蕉自身にとっては当時ふつうの語であったであろう。そうすると、ill のほうが近いという考え方もできる。2つの語の間には、文体的価値ばかりでなく、意味の上でもはっきりした違いが感じられる。ill のほうはごく一般的な意味で病気であることを表す語であるが、ailing のほうはじわじわと次第に身体が侵されていくといった意味合いが強調される語である。

原句で次に出てくる語は「夢」である。3つのどの英訳でもこの点では同じように dream という語が選ばれているので、一見問題はないようであるが、実はたいへん厄介な問題が絡んでいる。つまり、(5)のように単数で訳すか、あるいは(6)、(7)のように複数で訳したほうがよいか、ということである。「夢」という語で芭蕉は生前にしておきたかった（しかし、もうできそうもない）ことを考えているのであろう。dreams と複数形で訳せば、具体的にあのことも、このこともと、いくつものしてみたかったことが思い出されているという感じである。これは十分にもっともな読みである。

では、dream と単数形で訳したら、どうであろうか。今度はもっと抽象的に何か芸道の極意といったものが想定されていて、それを芭蕉が一生をかけて求め続けてきたのであるという読みが十分成り立つ。多分、原句は両方の読みを許容すると考えてさしつかえないであろう。問題はここでも、英語では dreams か dream かを義務的に選ばなくてはならないために、結果的に原句の表現に許された豊かな意味合いが、いわば半減してしまうということである。

次に出てくる重要な表現は「枯野」であるが、「枯」の部分は3つの訳のどれもが一致して withered という表現を当てている。この語は植物が枯れて（あるいは、枯れかかって）萎びた状態に

なっているのを意味するいちばんふつうの語である。一方の「野」の部分は(5)と(6)では moors, (7)では fields と2通りに訳されている。この2つはずいぶん感じの違う語である。moors のほうはおよそ人気(ひとけ)のない,荒涼とした景色を連想させる。一方,fields のほうはごくふつうの,いわば中立的な語である。ある若いアメリカの女性は,field というと自分が連想するのは,幼い頃,太陽の明るい光のもとで友達と楽しく遊んだ場面と言っていたが,同時に field には〈戦場〉(the field of battle) という死を暗示しうる使い方もあるから,芭蕉の句の「野」の訳として排除されるわけではない。

芭蕉の句の最後の表現は「かけ廻る」である。(5)は述語動詞の形を避けて,wandering と分詞構文ですませている。(6)はこれとは対照的に wander とはっきりと述語動詞の形にしている。(7)は go wandering であるから,述語動詞の go に分詞の wandering を添えて,いわば(5)と(6)の両方を合わせたような形である。ところで,原句の「かけ廻る」は文法的にいうと,一応終止形ということになろう。しかし,読んだ印象としては,そこですべて言いたいことが完結しているというのではなく,まだ何かが残っている——いわば「かけ廻る…」とでも表記されているかのような感じがする——ということであろう。そのような余韻を英語で出そうとするなら,述語動詞によって文法的に完結した文にするより,分詞の形で提示するほうが類似の効果がえられるであろう。

〈線の論理〉と〈点の論理〉

以上,原句の日本語の表現から出発して,それが英語でどのように捉えられ,表現されているかを検討してみたわけであるが,最後に今度は逆に,翻訳されて出てきた英語の表現のほうに注目してみると,またいくつかの違った点に気がつくはずである。た

とえば,(5)の訳では2行目にyetという語が出ている。これは文字どおりには〈それでも〉という意味であろうが,実は原句にはそのような意味の語は入っていない。原句の「旅に病んで」と「夢は枯野をかけ廻る」は,たしかに〈それでも〉という意味合いで続いているように思える。しかし,日本語の原句ではそれが暗示されているだけであるのに対し,英語で翻訳されたもののほうにはそれが明示されてしまっているのである。

　一般に2つの事柄が提示される場合,その間の論理関係は明示されるときと暗示するにとどめられているときがある。英語(そして,広くはいわゆる欧米系の言語)では,そのような場合,明示することが期待されるのがふつうである。(このことは,先に触れたコミュニケーションにおける〈話し手責任〉の重視という思想とも関係がある。)それに対し,日本語ではそのような関係を必ずしも言葉で明示せず,暗示にとどめておく(そして,コミュニケーションにおける〈聞き手責任〉の重視という雰囲気の中で,聞いたり読んだりする人の側の理解の努力に任せる)という傾向があるように思われる。

　同じことが〈線の論理〉と〈点の論理〉(外山滋比古『日本語の論理』中央公論社,1973)ということで説明されることがある。つまり,英語の場合だと,いくつかのポイントが提示されるときには,それぞれのポイントの間をつなぐ論理関係を言葉で明示し,あたかも数珠玉に紐を通すような形で1本の線が入られるというわけである。それに対し,日本語ではそのように論理関係を明示するのではなく,ポイントが並置的に提示するにとどめられ,それでも全体が1つの同じ雰囲気に包まれて,そこからまとまりが感じとられるというのである。

　すでに見たとおり,俳句は日本語本来のそのような性格が高度に純化された上に成立している言語芸術である。俳句には

「〜や」という形でいわゆる〈切れ字〉がよく出てくるが，〈切れ字〉としての「や」の本質は文字どおり，その部分をそれに続く表現から切り離す——そして，それによって対照の効果を強める——という機能である。そこには，典型的な〈点の論理〉的な働きが認められるわけである。

しかし，そのような原理に基づく表現をもともと〈線の論理〉的傾向の顕著な英語に文字どおりに訳すと，どういうことになるであろうか。論理の筋の明確な表示がなく，何となく全体としてまとまりを欠いて落着きのよくない表現という印象を与えることになろう。そこで，訳者としては原句になかったつなぎの言葉，たとえば(5)の yet や(7)の still をどうしても補ってみたくなるのであろう。同じように，「古池や…」のように原句では〈切れ字〉を使っているところに，英語の訳では，たとえば "Into an old pond" のように前置詞——つまり，名詞が文のそれ以外の部分（今の場合は，述語動詞の jumps）とどのような関係に立つかを示す語——を明示してみたくなるのであろう。

韻律と脚韻の扱い方

俳句の英語訳の検討ということでいちばん最後に取りあげておきたいこととして，3つの英訳のうち(7)はとくに何か少し変わっているという気がするのではないであろうか。たとえば，最初の行はふつうなら "Ill on a journey" という語順になるはずである。（現に(6)の訳では，この語順になっている。）それから，行の長さが不揃いで，2行目がとび出しているという感じである。それに，主語の dreams のすぐあとで切れて次行に移るというふうに行の切り方もふつうでない。

少し注意して考えれば気のつくとおり，この(7)の訳者はもとの俳句の〈五・七・五〉という形式を再現することを試みているわ

けである。第1行目は "On a jour-ney ill" で5音節，第2行目は "And o-ver fields all with-ered dreams" でこのままでは字余り，第3行目は "Go wan-der-ing still" で5音節。したがって全体として一応，五・七・五という形式を再現しようとしているのは明らかである。

このような試みについては，どのように考えればよいであろうか。1つ注意しておくべきことは，日本語の俳句で〈五・七・五〉という場合，もとになっているのは〈拍〉と呼ばれる単位である。それに対し，英語の翻訳で〈五・七・五〉に揃えられるのは〈音節〉の数であるが，〈拍〉と〈音節〉とは必ずしも一致しない。たとえば，英語でonは1音節であるが，日本語での「オン（恩）」なら2拍として扱わなくてはならない。(もっと極端に，英語のstrikeは1音節であるが，それが日本語となった「ストライキ」や「ストライク」は5拍である。) そのように性質の違う単位の間で，数だけを揃えてみても本質的な意義があるかどうかということである。

もう1つ，(7)の訳の形式面の特徴で注意しておいてよいことは，脚韻を使っている——1行目の終わりのillと3行目の終わりのstillが韻を踏んでいる——ということである。ところで，俳句にはもともと脚韻などという形式は備わっていないし，それに，一般に日本語の詩では（母音の種類が少ないから，と考えられているようであるが）脚韻が用いられることは稀である。すると，俳句の英訳での脚韻は余計な装飾ということになるであろうか。

1行の音節の数を揃えること，脚韻を踏ませること——こういった形式上の特徴は，英語の場合，それが〈定型詩〉であることを意味する。俳句も〈五・七・五〉という一定の形式に合わせて作られるという意味では〈定型詩〉である。そうすると，英語の翻訳で音節の数を〈五・七・五〉に揃えたり，脚韻を踏ませたり

するのは,もとの俳句が〈定型詩〉であることを翻訳のレベルで再現しようとしているのだと考えることができるであろう。

しかし,実際にはこの試みのために,他方ではかなりの代価が支払われているようである。たとえば,(7)の訳で1行目の語順がふつうでないのは,脚韻を作るために ill という語を行末にもって行きたかったのであろう。ill と脚韻を踏んでいるのは still であるが,この語も(⑸の訳の yet と同じように)〈それでも〉という,原句では暗示にとどめられている意味を明示化している。つまり,still という訳語はもっぱら ill という語と脚韻を作るために導入されたのではないか,と考えることもできる。

芭蕉の「古池や…」の句の英訳の1つ(この(7)と同じ訳者の手によるもの)では,〈池〉が break という語と脚韻を踏む形で lake(湖)と訳されている。かりに英語の pond という語に読み込まれがちな〈人工的〉な水溜りというイメージを避けたいという思惑が入っていたにせよ,lake ではいかにも不釣合いに広過ぎると感じられるのではなかろうか。形式面での平行性を生み出すために,意味の面でこれほどの犠牲が払われているとすると,果たしてそれほどにまでして試みる価値があるかどうか,問うてみることは十分にできよう。

参考文献 （日本語で読める比較的一般的な扱いのものに限ってある。）

池上嘉彦，1967．『英詩の文法——語学的文体論』研究社．
———，1975．『意味論——意味構造の分析と記述』大修館書店．
———，1978．『意味の世界——現代言語学から視る』日本放送出版協会，NHK ブックス．
———，1981．『「する」と「なる」の言語学——言語と文化のタイポロジーへの試論』大修館書店．
———，1987．『ふしぎなことば　ことばのふしぎ』筑摩書房，プリマーブックス．
———，1992［1982］．『ことばの詩学』岩波書店，同時代ライブラリー．
———，1992［1983］．『詩学と文化記号論——言語学のパースペクティヴ』講談社，学術文庫．
———，1995［1992］．『〈英文法〉を考える——文法とコミュニケーションの間』筑摩書房，ちくま学芸文庫．
———，2002．『自然と文化の記号論』放送大学教育振興会．
———，ほか，1985．『意味論・文体論』大修館書店．
———，ほか，1996．『英語の意味』大修館書店．
———，ほか編，2003-18．『認知言語学入門』全 6 巻，大修館書店．
ウォーフ，B. L.（池上嘉彦訳），1993［1978］．『言語・思考・現実』講談社，学術文庫．
———，ほか（池上嘉彦訳），1970．『文化人類学と言語学』弘文堂．
ウォルドロン，R. A.（築島謙三訳），1990．『意味と意味の発展』法政大学出版局．
ウルマン，S.（池上嘉彦訳），1969．『言語と意味』大修館書店．
カメロン，D.（中村桃子訳），1990．『フェミニズムと言語理論』勁草書房．
国広哲弥，1967．『構造的意味論』三省堂．
———，1970．『意味の諸相』三省堂．

─────編,1988-90.『日英語比較講座』5巻,大修館書店.

グリーンバウム,S., クワーク,R.(池上嘉彦ほか訳),1990.『現代英語文法・大学論』紀伊國屋書店.

佐藤信夫,1992[1978].『レトリック感覚』講談社,学術文庫.

─────,1992[1981].『レトリック認識』講談社,学術文庫.

─────,1996[1986].『レトリックの意味論──意味の弾性』講談社,学術文庫.

─────,1987.『レトリックの消息』白水社.

スターン,G.(五島忠久訳述),1962.『意味と意味変化』研究社.

谷口一美,2006.『認知言語学』ひつじ書房.

ダンダス,A.(池上嘉彦ほか訳),1980.『民話の構造──アメリカ・インディアンの民話の形態論』大修館書店.

チュコフスキー,K.I.(樹下節訳),1970.『2歳から5歳まで』理論社.

テイラー,J.R.(辻幸夫訳),1996,『認知言語学のための14章』紀伊國屋書店.

中村桃子,1995.『ことばとフェミニズム』勁草書房.

─────,2001.『ことばとジェンダー』勁草書房.

服部四郎,1968.『英語基礎語彙の研究』三省堂.

ハヤカワ,S.I.(大久保忠利訳・原書房第4版),1985.『思考と行動における言語』岩波書店.

ボウグランド,R., ドレスラー,W.(池上嘉彦ほか訳),1984.『テクスト言語学入門』紀伊國屋書店.

籾山洋介,2002.『認知意味論のしくみ』研究社.

安井 稔,1978.『言外の意味』研究社.

山梨正明,1988.『比喩と理解』東京大学出版会.

─────,1995.『認知文法論』ひつじ書房.

─────,2000.『認知言語学原理』くろしお出版.

─────,2004.『ことばの認知空間』開拓社.

吉村公宏,『はじめての認知言語学』研究社.

リーチ,G.(安藤貞雄ほか訳),1977.『現代意味論』研究社.

───── (池上嘉彦,河上誓作訳),1987.『語用論』紀伊國屋書店.

レイコフ，G.（池上嘉彦ほか訳），1993．『認知意味論』紀伊國屋書店．

レイコフ，G., ジョンソン，M.（渡部昇一ほか訳），1986．『レトリックと人生』大修館書店．

レイコフ，G., ターナー，M.（大堀壽夫訳），1994．『詩と認知』紀伊國屋書店．

レヴィンソン，S.C.（安井稔ほか訳），1990．『英語語用論』研究社．

おわりに

　本書のもととなっているのは，放送大学ラジオ番組「英語Ⅵ：英語の意味」で1999年から4年間にわたって担当した放送の折に制作し，印刷した印刷教材である。この印刷教材との異同は次のようである。まず，教材の第1章「日常の言語生活の中の『意味論』」と第2章「ことばと意味」はまとめられて，本書の第1章「ことばと意味」になっている。教材の第3章「ことばの意味と辞書」は，本書での新しい加筆の章がかなりの長さになってしまったため，本書では省いて収録されていない。教材の第8章「言語の〈普遍性〉と〈相対性〉」は，同じタイトルの本書での第6章が対応する。内容的には，本書ではある言語での〈好まれる言い回し〉という概念をめぐっての議論となっていて，教材の第8章との重複はない。そして教材の第9章「意味と文学」に対応するのは，本書での第7章「ことばの限界を越えて」である。言語の限界を越える試みが文学に限らず，それ以外の分野にも拡げて扱われている。

　本書の加筆による執筆から刊行に至るまでの間，担当して下さった日本放送出版協会の大場旦さんには大変お世話になった。学内のふえる一方の仕事やそれ以外のことでなかなか思うように時間のとれなかった筆者を辛抱強く，それでいて巧みに誘導して刊行に辿りつくところまで持ってきて下さったことに，心より御礼申し上げたい。これまでも多くの編集担当者のお世話になってきたし，また記憶する限りそれほど心配をかけたことはなかったと思うが，今回のような折に，大場さんのような熟練した方のお世話になれたのは本当に幸運であった。原稿の執筆，整理の最終段

階に入って，同時に若手の井本光俊さんにも御協力をいただけることとなった。お二人の並々ならぬ御尽力に感謝申し上げる。

2006年7月30日

池上嘉彦

池上嘉彦——いけがみ・よしひこ

- 1934年京都府生まれ。東京大学大学院英語英文学専攻博士課程満期退学，Yale 大学大学院言語学科修了（Ph. D., 1968）。東京大学名誉教授，昭和女子大学名誉教授。専攻は言語学，記号論，詩学。
- 著書に，『英詩の文法』（研究社出版），『意味論』（大修館書店），『意味の世界』（NHK ブックス），『「する」と「なる」の言語学』（大修館書店），『ことばの詩学』（岩波書店），『詩学と文化記号論』（講談社学術文庫），『記号論への招待』（岩波新書），『〈英文法〉を考える』，『日本語と日本語論』（ちくま学芸文庫），『ふしぎなことば ことばのふしぎ』（筑摩書房）ほか多数。翻訳に，ウォーフ『言語・思考・現実』（講談社学術文庫），エーコ『記号論』（講談社学術文庫）など。

NHKブックス［1066］

英語の感覚・日本語の感覚　〈ことばの意味〉のしくみ

2006 年 8 月 30 日　第 1 刷発行
2021 年 11 月 10 日　第 12 刷発行

著　者　池上嘉彦
発行者　土井成紀
発行所　NHK出版
　東京都渋谷区宇田川町41-1　郵便番号 150-8081
　電話　0570-009-321（問い合わせ）0570-000-321（注文）
　ホームページ　https://www.nhk-book.co.jp
　振替 00110-1-49701
　［印刷］啓文堂　　［製本］藤田製本　　［装幀］倉田明典

落丁本・乱丁本はお取り替えいたします。
定価はカバーに表示してあります。
ISBN978-4-14-091066-5 C1382

NHK BOOKS

＊文学・古典・言語・芸術

日本語の特質	金田一春彦
言語を生みだす本能（上）（下）	スティーブン・ピンカー
思考する言語―「ことばの意味」から人間性に迫る―（上）（中）（下）	スティーブン・ピンカー
小説入門のための高校入試国語	石原千秋
評論入門のための高校入試国語	石原千秋
ドストエフスキイ―その生涯と作品―	埴谷雄高
ドストエフスキー 父殺しの文学（上）（下）	亀山郁夫
英語の感覚・日本語の感覚―〈ことばの意味〉のしくみ―	池上嘉彦
英語の発想・日本語の発想	外山滋比古
英文法をこわす―感覚による再構築―	大西泰斗
絵画を読む―イコノロジー入門―	若桑みどり
フェルメールの世界―17世紀オランダ風俗画家の軌跡―	小林頼子
子供とカップルの美術史―中世から18世紀へ―	森 洋子
形の美とは何か	三井秀樹
刺青とヌードの美術史―江戸から近代へ―	宮下規久朗
オペラ・シンドローム―愛と死の饗宴―	島田雅彦
伝える！作文の練習問題	野内良三
新版 論文の教室―レポートから卒論まで―	戸田山和久
宮崎駿論―神々と子どもたちの物語―	杉田俊介
万葉集―時代と作品―	木俣 修
西行の風景	桑子敏雄
深読みジェイン・オースティン―恋愛心理を解剖する―	廣野由美子
舞台の上のジャポニスム―演じられた幻想の〈日本女性〉―	馬渕明子
スペイン美術史入門―積層する美と歴史の物語―	大髙保二郎ほか

「古今和歌集」の創造力

鈴木宏子

※在庫品切れの際はご容赦下さい。

NHK BOOKS

＊宗教・哲学・思想

仏像［完全版］―心とかたち―	望月信成／佐和隆研／梅原 猛
原始仏教―その思想と生活―	中村 元
がんばれ仏教！―お寺ルネサンスの時代―	上田紀行
目覚めよ仏教！―ダライ・ラマとの対話―	上田紀行
ブータン仏教から見た日本仏教	今枝由郎
人類は「宗教」に勝てるか―一神教文明の終焉―	町田宗鳳
現象学入門	竹田青嗣
哲学とは何か	竹田青嗣
ヘーゲル・大人のなりかた	西 研
東京から考える―格差・郊外・ナショナリズム―	東 浩紀／北田暁大
日本的想像力の未来―クールジャパノロジーの可能性―	東 浩紀編
集中講義！ アメリカ現代思想―リベラリズムの冒険―	仲正昌樹
哲学ディベート―〈倫理〉を〈論理〉する―	高橋昌一郎
科学哲学の冒険―サイエンスの目的と方法をさぐる―	戸田山和久
ジンメル・つながりの哲学	菅野 仁
カント 信じるための哲学―「わたし」から「世界」を考える―	石川輝吉
ストリートの思想―転換期としての1990年代―	毛利嘉孝
「かなしみ」の哲学―日本精神史の源をさぐる―	竹内整一
道元の思想―大乗仏教の真髄を読み解く―	頼住光子
詩歌と戦争―白秋と民衆、総力戦への「道」―	中野敏男
アリストテレス はじめての形而上学	富松保文
ほんとうの構造主義―言語・権力・主体―	出口 顯
「自由」はいかに可能か―社会構想のための哲学―	苫野一徳
弥勒の来た道	立川武蔵
イスラームの深層―「遍在する神」とは何か―	鎌田 繁
マルクス思想の核心―21世紀の社会理論のために―	鈴木 直
カント哲学の核心―『プロレゴーメナ』から読み解く―	御子柴善之
戦後「社会科学」の思想―丸山眞男から新保守主義まで―	森 政稔
はじめてのウィトゲンシュタイン	古田徹也
〈普遍性〉をつくる哲学―「幸福」と「自由」をいかに守るか―	岩内章太郎
ハイデガー『存在と時間』を解き明かす	池田 喬

※在庫品切れの際はご容赦下さい。

NHK BOOKS

＊政治・法律

- 国家論——日本社会をどう強化するか——　　佐藤　優
- マルチチュード——〈帝国〉時代の戦争と民主主義——（上）（下）　アントニオ・ネグリ／マイケル・ハート
- コモンウェルス——〈帝国〉を超える革命論——（上）（下）　アントニオ・ネグリ／マイケル・ハート
- 叛逆——マルチチュードの民主主義宣言論——　アントニオ・ネグリ／マイケル・ハート
- ポピュリズムを考える——民主主義への再入門——　　吉田　徹
- 中東　新秩序の形成——「アラブの春」を超えて——　　山内昌之
- 「デモ」とは何か——変貌する直接民主主義——　　五野井郁夫
- 権力移行——何が政治を安定させるのか——　　牧原　出
- 国家緊急権　　橋爪大三郎
- 自民党政治の変容　　中北浩爾
- 未承認国家と覇権なき世界　　廣瀬陽子
- 安全保障を問いなおす——「九条-安保体制」を越えて——　　添谷芳秀
- アメリカ大統領制の現在——権限の弱さをどう乗り越えるか——　　待鳥聡史
- 日本とフランス「官僚国家」の戦後史　　大嶽秀夫

＊経済

- 考える技術としての統計学——生活・ビジネス・投資に生かす——　　飯田泰之
- 生きるための経済学——〈選択の自由〉からの脱却——　　安冨　歩
- 資本主義はどこへ向かうのか——内部化する市場と自由投資主義——　　西部　忠
- 雇用再生——持続可能な働き方を考える——　　清家　篤
- 希望の日本農業論　　大泉一貫
- 資本主義はいかに衰退するのか——ミーゼス、ハイエク、そしてシュンペーター——　　根井雅弘

※在庫品切れの際はご容赦下さい。

NHK BOOKS

＊歴史（I）

- 出雲の古代史 　　　　　　　　　　　　　　　　　　門脇禎二
- 法隆寺を支えた木［改版］ 　　　　　　　　　　　西岡常一／小原二郎
- 「明治」という国家［新装版］ 　　　　　　　　　　司馬遼太郎
- 「昭和」という国家 　　　　　　　　　　　　　　　司馬遼太郎
- 日本文明と近代西洋―「鎖国」再考― 　　　　　　川勝平太
- 百人一首の歴史学 　　　　　　　　　　　　　　　関幸彦
- 戦場の精神史―武士道という幻影― 　　　　　　　佐伯真一
- 知られざる日本―山村の語る歴史世界― 　　　　　白水智
- 古文書はいかに歴史を描くのか―フィールドワークがつなぐ過去と未来― 　白水智
- 関ヶ原前夜―西軍大名たちの戦い― 　　　　　　　光成準治
- 江戸に学ぶ日本のかたち 　　　　　　　　　　　　山本博文
- 天孫降臨の夢―藤原不比等のプロジェクト― 　　　大山誠一
- 親鸞再考―僧にあらず、俗にあらず― 　　　　　　松尾剛次
- 女たちの明治維新 　　　　　　　　　　　　　　　鈴木由紀子
- 山県有朋と明治国家 　　　　　　　　　　　　　　井上寿一
- 明治〈美人〉論―メディアは女性をどう変えたか― 　佐伯順子
- 『平家物語』の再誕―創られた国民叙事詩― 　　　大津雄一
- 歴史をみる眼 　　　　　　　　　　　　　　　　　堀米庸三
- 天皇のページェント―近代日本の歴史民族誌から― 　T・フジタニ
- 禹王と日本人―「治水神」がつなぐ東アジア― 　　王敏
- 江戸日本の転換点―水田の激増は何をもたらしたか― 　武井弘一
- 外務官僚たちの太平洋戦争 　　　　　　　　　　　佐藤元英
- 天智朝と東アジア―唐の支配から律令国家へ― 　　中村修也
- 英語と日本軍―知られざる外国語教育史― 　　　　江利川春雄

- 象徴天皇制の成立―昭和天皇と宮中の「葛藤」― 　茶谷誠一
- 維新史再考―公議・王政から集権・脱身分化へ― 　三谷博
- 壱人両名―江戸日本の知られざる二重身分― 　　　尾脇秀和
- 戦争をいかに語り継ぐか―「映像」と「証言」から考える戦後史― 　水島久光

※在庫品切れの際はご容赦下さい。

NHK BOOKS

＊社会

嗤う日本の「ナショナリズム」　北田暁大

社会学入門―〈多元化する時代〉をどう捉えるか―　稲葉振一郎

ウェブ社会の思想―〈遍在する私〉をどう生きるか―　鈴木謙介

新版　データで読む家族問題　湯沢雍彦／宮本みち子

現代日本の転機―「自由」と「安定」のジレンマ―　高原基彰

議論のルール　福沢一吉

「韓流」と「日流」―文化から読み解く日韓新時代―　クォン・ヨンソク

希望論―2010年代の文化と社会―　宇野常寛・濱野智史

ITが守る、ITを守る―天災・人災と情報技術―　坂井修一

団地の空間政治学　原武史

図説　日本のメディア［新版］―伝統メディアはネットでどう変わるか―　藤竹暁／竹下俊郎

ウェブ社会のゆくえ―〈多孔化〉した現実のなかで―　鈴木謙介

情報社会の情念―クリエイティブの条件を問う―　黒瀬陽平

未来をつくる権利―社会問題を読み解く6つの講義―　荻上チキ

新東京風景論―箱化する都市、衰退する街―　三浦展

日本人の行動パターン　ルース・ベネディクト

「就活」と日本社会―平等幻想を超えて―　常見陽平

現代日本人の意識構造［第九版］　NHK放送文化研究所　編

＊教育・心理・福祉

不登校という生き方―教育の多様化と子どもの権利―　奥地圭子

身体感覚を取り戻す―腰・ハラ文化の再生―　斎藤孝

子どもに伝えたい〈三つの力〉―生きる力を鍛える―　斎藤孝

フロイト―その自我の軌跡―　小此木啓吾

孤独であるためのレッスン　諸富祥彦

内臓が生みだす心　西原克成

母は娘の人生を支配する―なぜ「母殺し」は難しいのか―　斎藤環

福祉の思想　糸賀一雄

アドラー　人生を生き抜く心理学　岸見一郎

「人間国家」への改革―参加保障型の福祉社会をつくる―　神野直彦

※在庫品切れの際はご容赦下さい。